Dörfler-Dierken/Kramer • Innere Führung in Zahlen

AF288553

Angelika Dörfler-Dierken
und
Robert Kramer

Innere Führung in Zahlen

Streitkräftebefragung 2013

Herausgegeben vom
Zentrum für Militärgeschichte und
Sozialwissenschaften der Bundeswehr

2014

Carola Hartmann Miles-Verlag

Bibliografische Information der Deutschen Nationalbibliothek

Die Deutsche Nationalbibliothek verzeichnet diese Publikation in der Deutschen Nationalbibliografie; detaillierte bibliografische Daten sind im Internet über www.dnb.de abrufbar.

© 2014 Carola Hartmann Miles-Verlag
www.miles-verlag.jimdo.com
email: miles-verlag@t-online.de

Redaktion: ZMSBw, Schriftleitung
    Projektkoordination, Lektorat: Edgar Naumann

Printed in Germany

ISBN 978-3-937885-94-0

Inhalt

Vorwort

„Innere Führung" ist für die älteren Soldaten der Bundeswehr ein Synonym für eine Konzeption, die nach dem Ende des Zweiten Weltkriegs in einer Gruppe von Soldaten um Wolf Graf von Baudissin herum entstand, um die neuen Bundeswehrsoldaten und ihre Streitkräfte einzubinden in die neue demokratische Ordnung entsprechend dem Grundgesetz. Die Konzeption der Inneren Führung wollte den Soldaten aus dem Gewissenskonflikt zwischen Gehorsam und Verantwortung befreien, dem die Widerstandskämpfer des 20. Juli 1944 in der Wehrmacht ausgesetzt waren. So sollte der Widerstand in der westdeutschen Bevölkerung gegen die Wiederbewaffnung der Bundesrepublik Deutschland abgemildert werden. Es hat dann noch fast zwei Jahrzehnte gedauert, bis die Konzeption der Inneren Führung durch den damaligen Verteidigungsminister Helmut Schmidt in eine Vorschrift gegossen wurde. Seitdem ist die Vorschrift mehrfach überarbeitet und an die Zeitläufe angepasst worden.

Aktuell gültig ist die „Zentrale Dienstvorschrift (ZDv) 10/1 Innere Führung. Selbstverständnis und Führungskultur der Bundeswehr" aus dem Jahr 2008. Sie ist die „grundlegende Vorschrift für den Dienst in der Bundeswehr" – so heißt es in der Vorbemerkung. Daran ändert auch die Tatsache nichts, dass diese Zentrale Dienstvorschrift kürzlich entsprechend einer neuen Vorschriftensystematik überführt wurde in die A 2600/1. Die Konzeption der Inneren Führung gibt den Soldatinnen und Soldaten der Bundeswehr die Ziele für ihr soldatisches Handeln sowie die Leitvorstellungen vor, entsprechend derer sie ihr berufliches Selbstverständnis ausrichten sollen. Und die Konzeption der Inneren Führung stellt aus der Sicht des Dienstherrn dar, wie – in welchem „Geist" – der Dienst in der Bundeswehr geleistet werden soll. Demnach soll die Organisationskultur der Bundeswehr bestimmt sein durch eine für sie spezifische Kultur mitmenschlichen Umgangs und menschenorientierter Führung, die den Umgang zwischen Vorgesetzten und Untergebenen sowie zwischen den Kameraden prägen soll.

Im Unterschied zu anderen militärischen Vorschriften ist diese Vorschrift zur Inneren Führung offen zugänglich. Sie ist in Tausenden von broschierten Heftchen verteilt worden und im Internet für jedermann einsehbar. Offenbar will die Bundeswehr nicht nur ihre Leitvorschrift in der Öffentlichkeit bekannt machen, sondern auch mit ihr für ihre Organisationskultur werben. Innere Führung macht, so die Vorstellung im Bundesministerium der Verteidigung, die Bundeswehr attraktiv. Die Umsetzung der Grundsätze der Inneren Führung im Dienstalltag macht aus der Bundeswehr einen ‚guten' Arbeitgeber, der seine Mitarbeiterinnen und Mitarbeiter an sich bindet und für potenziellen Nachwuchs interessant ist. Zugleich kann die Diskussion über etwaige Mängel in der Umsetzung der Inneren Führung die Weiterentwicklung der Bundeswehr fördern. Denn Innere Führung ist nicht einfach ein äußerliches Instrument, das die Attraktivität der Bundeswehr als Arbeitgeber erhöht, sondern ein Angebot an alle, die in den Streitkräften tätig sind, sich an dem Diskussionsprozess zur Umsetzung der Inneren Führung engagiert zu beteiligen.

In der im Jahr 2008 vom damaligen Verteidigungsminister Dr. Franz Josef Jung erlassenen Fassung der Vorschrift wurde Innere Führung beschrieben als die Kraft, die den „Geist der Truppe" umfassend prägt:

„Durch die lebendige Gestaltung und Befolgung der Grundsätze der Inneren Führung werden die Werte und Normen des Grundgesetzes in der Bundeswehr verwirklicht. Innere Führung umfasst die geistige und sittliche Grundlage der Streitkräfte. Sie durchdringt das gesamte militärische Leben und bleibt in jeder Lage, vom Innendienst bis zum Gefecht unter Lebensgefahr, gültig. Vorgesetzte, die die Grundsätze der Inneren Führung beherzigen, schaffen und fördern die Voraussetzungen dafür, dass Vertrauen und Kameradschaft die Soldatinnen und Soldaten in allen Situationen tragen. Innere Führung ist Grundlage für verantwortungsbewusstes Führen und Entscheiden. Damit ermöglicht sie Handeln aus Einsicht." (ZDv 10/1, 107.)

Angelika Dörfler-Dierken, Projektbereichsleiterin für „Innere Führung, Ethik, Militärseelsorge", und Robert Kramer aus dem Forschungsbereich

„Militärsoziologie" des Zentrums für Militärgeschichte und Sozialwissen-schaften der Bundeswehr haben hier erstmals die ZDv 10/1 Innere Füh-rung (2008) mit einem empirischen Instrumentarium evaluiert. Sie haben gefragt nach der Bekanntheit der Vorschrift, nach ihrer Akzeptanz und nach ihrer Umsetzung im Dienstalltag. Im Mittelpunkt der Untersuchung steht die Sicht auf die Innere Führung, die die Soldatinnen und Soldaten aller Dienstgrade und aus allen militärischen Organisationsbereichen auf die In-nere Führung haben. Erleben die Beteiligten, für die es diese Vorschrift gibt, deren Grundsätze als förderlich? Erfahren sie, dass die Vorgesetzten sich entsprechend der Prinzipien der Vorschrift ihnen gegenüber verhalten? Und: Welche Themen brennen den Soldatinnen und Soldaten zum gegen-wärtigen Zeitpunkt besonders auf den Nägeln? Das sind einige der Fragen, auf die man in der vorliegenden Studie Antworten erhält.

Noch nie zuvor war die Innere Führung Gegenstand einer empirischen Be-fragung in der Bundeswehr. Zwar wurden in den Streitkräftebefragungen der letzten Jahre immer wieder Themenfelder untersucht, die zur Inneren Führung gehören – aber bisher wurden noch nie Daten zur Bekanntheit der Konzeption der Inneren Führung und ihrer Grundsätze sowie der aktuell gültigen „ZDv 10/1 Innere Führung" und zu deren Umsetzung systema-tisch erhoben. Das Forschungsdesign wurde mit der Abteilung Führung Streitkräfte im Bundesministerium der Verteidigung abgestimmt. Die Er-gebnisse wurden in einem Forschungsbericht für das Ministerium zusam-mengefasst, dort mehrfach präsentiert und diskutiert. Diese dienstlich beauf-tragte Untersuchung ist der Kern der vorliegenden Publikation. Ergänzt wurden Hinweise auf die entsprechenden Gedankengänge der Vorschrift, die in die Formulierung der den Soldatinnen und Soldaten gestellten Fragen eingeflossen sind. Dies soll den Lesern und Leserinnen ermöglichen, auch ohne weitere Hintergrundinformationen oder den Blick in die „ZDv 10/1 Innere Führung" der Argumentation zu folgen.

Mit dieser Publikation wird der bundeswehrinternen Öffentlichkeit, den Soldatinnen und Soldaten aller Dienstgrade und Statusgruppen, aber auch den Zivilbeschäftigten, sowie darüber hinaus einer breiteren interessierten Öffentlichkeit Einblick in die Umsetzung der Grundsätze der Inneren Führung innerhalb der Bundeswehr möglich. Sozialwissenschaftliche Ressortforschung muss nicht bedeuten, dass dem Auftraggeber nach dem Munde geredet wird. Das wäre mit den Grundsätzen wissenschaftlicher Redlichkeit nicht vereinbar. Deshalb wird die Öffentlichkeit hier eine interessante Momentaufnahme zu einem innermilitärischen und politischen Diskussionsprozess finden, der selbst kennzeichnend für den gegenwärtigen Stand der zivil-militärischen Beziehungen ist. Die Integration der Soldatinnen und Soldaten der Bundeswehr in die pluralistische demokratische Gesellschaft und Kultur zu fördern, ist eines der Anliegen der Inneren Führung.

Das erste Ziel der publizierten Fassung des Forschungsberichts ist die Verständigung und Diskussion der Soldatinnen und Soldaten untereinander, also die Binnenkommunikation – sei es die auf der horizontalen oder die auf der vertikalen Ebene. Zugleich dient die Publikation dieser Untersuchung zu Bekanntheit, Akzeptanz und Umsetzung der Inneren Führung der Förderung der Diskussion mit der zivilen Gesellschaft. Welche Ergebnisse würde man wohl in großen Unternehmen erhalten, wenn man dieselben Fragen zur Unternehmenskultur und zum beruflichen Selbstverständnis dort stellen würde?

Abschließend möchte ich meinen Dank aussprechen an die beiden Autoren und in diesen auch Rüdiger Fiebig einschließen, der bis zu seinem Ausscheiden aus der Bundeswehr in der Projektgruppe mitgearbeitet hat. Herr Dipl.-Historiker Edgar Naumann hat dankenswerter Weise das Lektorat übernommen und der Miles-Verlag die Gestaltung und verlegerische Betreuung dieses Projekts.

Dr. Hans-Hubertus Mack
Oberst und Kommandeur des Zentrums
für Militärgeschichte und Sozialwissenschaften der Bundeswehr

1 Wichtigste Ergebnisse auf einen Blick

Seit 2008 ist die grundlegend überarbeitete Zentrale Dienstvorschrift (im Folgenden ZDv) 10/1 Innere Führung in Kraft. Wie die Innere Führung, die den Dienst in der Bundeswehr prägen soll, tatsächlich umgesetzt wird, ob ihre Grundsätze und Leitvorstellungen den alltäglichen Umgang zwischen Kameradinnen und Kameraden sowie den verschiedenen Dienstgraden tatsächlich prägen, ist bisher noch nicht durch eine empirische Befragung beleuchtet worden. Insofern eröffnet diese Studie einen neuen Blickwinkel auf die Thematik der Inneren Führung, die weithin als „Markenzeichen" der Bundeswehr gilt und deren Führungskultur ebenso wie das Selbstverständnis der Soldatinnen und Soldaten bestimmen soll.

In der genannten Vorschrift heißt es:

„Die Grundsätze der **Inneren Führung** *bilden die Grundlage für den militärischen Dienst in der Bundeswehr und bestimmen das Selbstverständnis der Soldatinnen und Soldaten. Sie sind Leitlinie für die Führung von Menschen und den richtigen Umgang miteinander."* (ZDv 10/1, 101.)

Ziel dieser Studie ist es, Desiderate in der Umsetzung der Inneren Führung aufzudecken und diese zu kommunizieren. Insbesondere für Vorgesetzte sollten deshalb die durch quantitative empirische Untersuchungen gewonnenen Daten von Interesse sein. Denn sie sind gehalten, die Grundsätze der Inneren Führung umzusetzen, wenn sie ihre Untergebenen führen, ausbilden und erziehen (vgl. ZDv 10/1, 102.).

Die wichtigsten Ergebnisse dieser Untersuchung zur Bekanntheit, Akzeptanz und Umsetzung der Inneren Führung seien einleitend zusammenfassend genannt:

Die Innere Führung ist in der Truppe bekannt.

Über die Hälfte der Soldatinnen und Soldaten gibt an, die ZDv 10/1 Innere Führung (2008) zu kennen oder sich intensiv mit dieser Vorschrift beschäftigt zu haben.

Die Innere Führung wird entsprechend der jeweiligen Dienstgradgruppe in der Bundeswehr gelebt.

Mannschaftsdienstgrade betonen gute persönliche Beziehungen zu Kameraden und Vorgesetzten; Stabsoffiziere begreifen die Innere Führung stärker politisch.

Die persönliche Einstellung der Soldatinnen und Soldaten der Inneren Führung gegenüber ist positiv.

Diese ist sehr stark abhängig von der Dienstgradgruppe. Vor allem die Stabsoffiziere zeigen eine sehr positive Einstellung der Inneren Führung gegenüber. Im Bundesministerium der Verteidigung (BMVg) und bei Kommandobehörden sind drei Viertel der Soldatinnen und Soldaten der Inneren Führung gegenüber positiv eingestellt.

Die Erfahrung von Auslandseinsätzen hat keine negativen Auswirkungen auf die persönliche Einstellung zur Inneren Führung.

Das Ergebnis ist deshalb interessant, weil das Gegenteil zuletzt in einigen fachbezogenen Veröffentlichungen behauptet worden war.

Mit dem Führungsstil ihrer unmittelbaren Vorgesetzten ist mehr als die Hälfte der Untergebenen zufrieden.

Besonders hoch ist der Anteil Zufriedener mit mehr als zwei Drittel der Befragten unter den Mannschaften. Die Gruppe mit dem geringsten Anteil Zufriedener ist hingegen die der Unteroffiziere m.P., wenn ein Offizier ihr unmittelbarer Vorgesetzter ist.

Die fachliche Kompetenz ihrer Vorgesetzten beurteilen viele Soldatinnen und Soldaten als gut.

Einzelmerkmale des Vorgesetztenverhaltens werden teils gut, teils weniger gut beurteilt. Zentrale Beurteilungskriterien für das Vorgesetztenverhalten sind bei den Untergebenen Vorbildhaftigkeit, fachliche Kompetenz, die Vermittlung von Handlungssicherheit, Partnerschaftlichkeit, Gemeinschaftlichkeit beim Durchstehen schwieriger Situationen und Selbstkritik seitens des Vorgesetzten. Wer in diesen Punkten als Vorgesetzter gut beurteilt wird, kann zufriedene und motivierte Soldatinnen und Soldaten führen.

Deutlich mehr als die Hälfte der Soldatinnen und Soldaten vertraut ihrem unmittelbaren Vorgesetzten.

Etwas mehr als jeder fünfte Untergebene vertraut seinem Vorgesetzten bzw. seiner Vorgesetzten jedoch „eher nicht" oder „nicht". Am wenigsten Vertrauen in ihren unmittelbaren Vorgesetzten lassen die Unteroffiziere m.P. erkennen.

Mit dem neuen „Gestaltungsfeld" der Inneren Führung „Familie und Dienst" ist ein Handlungsfeld markiert, für das Verbesserungen als sehr notwendig erachtet werden.

Soldatinnen und Soldaten aller Alters- und Dienstgradgruppen sowie beiderlei Geschlechts erachten die Verbesserung der Familienfreundlichkeit und die Erhöhung der Planungssicherheit nicht nur allgemein als wichtig, sondern auch persönlich als besonders dringlich.

Die Innere Führung ist ein ‚Pfund‘, mit dem die Bundeswehr in der internen sowie der externen Kommunikation ‚wuchern‘ sollte.

Innere Führung kann als ein wichtiger Aspekt für die Attraktivität der Bundeswehr angesehen und öffentlich kommuniziert werden. Sie prägt nachweislich das soldatische Selbstverständnis und die Führungskultur in der Bundeswehr. Die Untersuchung zu Bekanntheit, Akzeptanz und Umsetzung der Vorgaben der ZDv 10/1 Innere Führung (2008) in der Bundeswehr lässt die Sinnhaftigkeit und Bedeutung der Konzeption der Inneren Führung deutlich werden – auch und gerade angesichts der Herausforderungen der Gegenwart.

2 Organisation, Erhebungsmethode und Design der Studie

Die vorliegenden Ergebnisse basieren auf der Bundeswehrumfrage 2013, welche als Mehrthemenumfrage angelegt war und im Zeitraum vom 30. Januar bis 3. März 2013 durchgeführt wurde. Neben ausgewählten Fragen zur Inneren Führung wurden in der Bundeswehrumfrage Aspekte der Attraktivität der Bundeswehr als Arbeitgeber sowie der Militärseelsorge aufgegriffen. Die Grundgesamtheit des Moduls „Innere Führung" der Bundeswehrumfrage 2013 umfasst alle Soldatinnen und Soldaten, die zum Erhebungszeitpunkt Dienst in der Bundeswehr geleistet haben. Dies waren im Februar 2013 insgesamt 190 517 Personen.

Abb. 1:   Stichprobenziehung in der Bundeswehrumfrage 2013

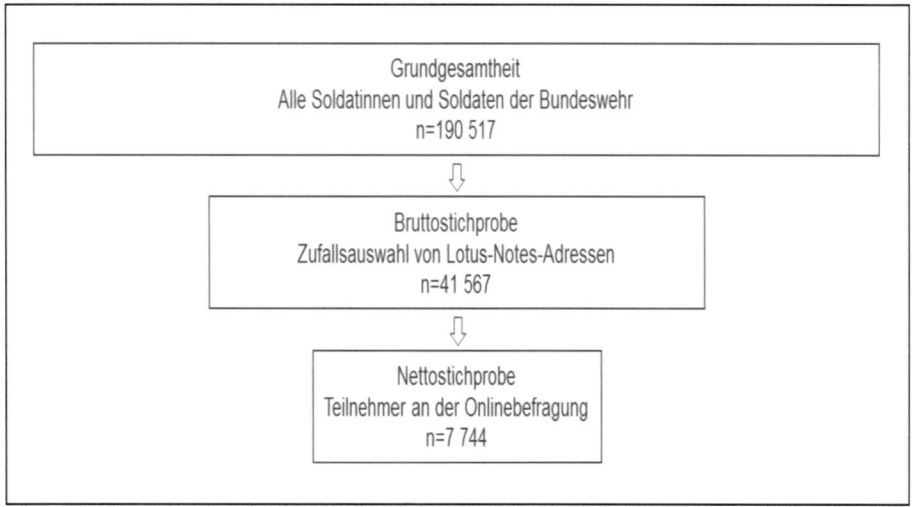

Die Auswahl der Teilnehmer erfolgte durch Bereitstellung von zufällig aus-gewählten Lotus-Notes-Adressen, insgesamt wurden 41 567 Bundeswehran-gehörige kontaktiert. Die Rücklaufquote betrug knapp 19 Prozent, sodass ein Stichprobenumfang von 7 744 Teilnehmern (netto) erzielt werden konn-te.

Die Studie wurde als Intranetbefragung konzipiert und umgesetzt. Der Fra-gebogen wurde dazu programmiert (durch BAIUDBw ZA II) und im Intra-net der Bundeswehr bereitgestellt. Mittels Lotus Notes wurde den ausge-wählten Soldatinnen und Soldaten der Link zur Umfrage geschickt und um Teilnahme gebeten. Anonymität und Freiwilligkeit konnten so gewährleistet werden.

Die Datenauswertung erfolgte am Zentrum für Militärgeschichte und Sozi-alwissenschaften der Bundeswehr (ZMSBw). Zunächst wurde die Netto-stichprobe mittels Gewichtung der Datensätze an die Struktur der Grundge-samtheit angeglichen. Dies ist notwendig, um Verzerrungseffekte, die bspw. dadurch entstehen, dass unterschiedliche Gruppen mit unterschiedlich ho-her Wahrscheinlichkeit in die Stichprobe gelangen, zu korrigieren.[1] Abbil-dung 2 gibt die Anteile der Befragten in der Stichprobe vor und nach der Gewichtung[2] an. Als Gewichtungskriterien wurden die Verhältnisse hin-sichtlich des Geschlechts, der Dienstgradgruppe, des Status sowie des Orga-nisationsbereiches verwendet, sodass die Nettostichprobe bezüglich dieser Merkmale nahezu komplett der Verteilung in der Grundgesamtheit, also allen Soldatinnen und Soldaten, entspricht.

---

[1] Da bspw. Angehörige der Mannschaftslaufbahn deutlich seltener als Angehörige anderer Laufbahnen über einen Lotus-Notes-Zugang verfügen, ist ihre Gruppe bei einer Online-befragung häufig unterrepräsentiert. Zum Vergleich siehe die absoluten Zahlen im An-hang 6.2.

[2] Der Gewichtungsfaktor betrug für diese Studie 1/3 bzw. 3, d.h. einzelne Antworten flos-sen mit erhöhtem (max. dreifachem) bzw. vermindertem (min. einem Drittel) Gewicht in die Analyse ein.

Abb. 2: Übersicht der Gewichtungskriterien (Angaben in Prozent)

Soldatinnen/ Soldaten n = 7 744	Soll-Stichpro-be	Ist-Stichprobe ungewich-tet	Ist-Stichprobe gewichtet	Differenz ungewich-tet	Differenz gewichtet
Geschlecht					
Männer	89,9	91,6	89,9	1,7	0,0
Frauen	10,1	8,4	10,1	-1,7	0,0
Organisationsbereich					
Heer	34,5	29,2	33	-5,2	-1,4
Luftwaffe	17,5	20,6	18,8	3,1	1,3
Marine	8,5	7,2	7,0	-1,3	-1,5
Streitkräftebasis	23,8	26,7	25,6	2,9	1,8
Zentraler Sanitäts-dienst der Bundes-wehr	10,6	9,7	11,0	-0,9	0,3
Bundesministerium der Verteidigung	0,5	1,4	0,9	0,9	0,4
BAPersBw	4,0	2,9	2,6	-1,0	-1,3
BAAIN	0,6	1,9	0,8	1,3	0,2
BAIUD	0,1	0,4	0,3	0,4	0,2
Dienstverhältnis					
Berufssoldat	28,8	60,2	32,1	31,4	3,4
Soldat auf Zeit	66,5	38,8	64,9	-27,7	-1,6

Das Modul „Innere Führung" umfasst zehn Fragen, welche den Kenntnisstand hinsichtlich der ZDv 10/1, die Einstellung zur Inneren Führung sowie die Wahrnehmung von deren Umsetzung in der Praxis durch die Vorgesetzten thematisieren. Damit wurde erstmals mittels eines quantitativen Ansatzes versucht, diese Fragestellungen zu beleuchten und eine Grundlage für weiterführende Diskussionen und Untersuchungen zu schaffen.

Abb. 3:   Themenfelder der Bundeswehrumfrage 2013

3 Ergebnisse

3.1 Kenntnis der ZDv 10/1 Innere Führung (2008)

Den Einstieg in das Modul „Innere Führung" bildete der Versuch, den Kenntnisstand aller Soldatinnen und Soldaten der Bundeswehr hinsichtlich der aktuell gültigen ZDv 10/1 Innere Führung (2008) zu erfassen. Es zeigt sich, dass diese innerhalb der Bundeswehr weite Verbreitung gefunden hat.

Abb. 4: **Kenntnis der ZDv 10/1 Innere Führung (2008), Streitkräfte insgesamt**

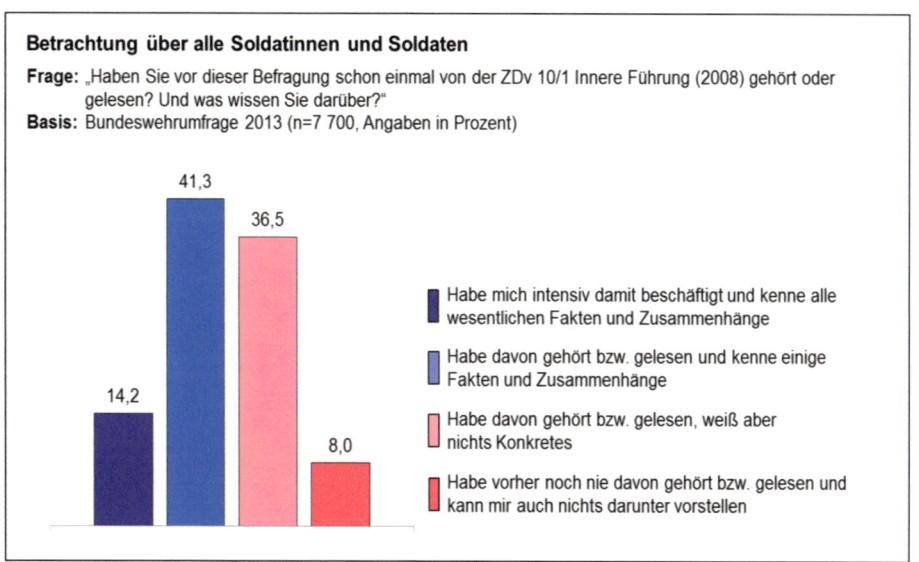

Betrachtung über alle Soldatinnen und Soldaten

Frage: „Haben Sie vor dieser Befragung schon einmal von der ZDv 10/1 Innere Führung (2008) gehört oder gelesen? Und was wissen Sie darüber?"
Basis: Bundeswehrumfrage 2013 (n=7 700, Angaben in Prozent)

41,3
36,5
14,2
8,0

■ Habe mich intensiv damit beschäftigt und kenne alle wesentlichen Fakten und Zusammenhänge

■ Habe davon gehört bzw. gelesen und kenne einige Fakten und Zusammenhänge

■ Habe davon gehört bzw. gelesen, weiß aber nichts Konkretes

■ Habe vorher noch nie davon gehört bzw. gelesen und kann mir auch nichts darunter vorstellen

Über die Hälfte der Soldatinnen und Soldaten kennt die Vorschrift ZDv 10/1 Innere Führung (2008), hat sich „intensiv damit beschäftigt" oder kennt doch immerhin „einige Fakten und Zusammenhänge".

Dieses Ergebnis gibt die Sicht aller Soldatinnen und Soldaten der Bundeswehr auf die Innere Führung wieder. Die Kenntnis der Vorschrift ZDv 10/1 Innere Führung (2008) variiert jedoch sehr stark bei Betrachtung einzelner Merkmale wie Dienstgradgruppe, Status als Zeit- bzw. Berufssoldat, Geschlecht oder auch Militärischer Organisationsbereich. Die ZDv 10/1 Innere Führung (2008) fordert, dass alle Soldatinnen und Soldaten, insbesondere aber Vorgesetzte diese Vorschrift kennen und in ihrem dienstlichen Verantwortungsbereich umsetzen.

„102. Die **Konzeption der Inneren Führung** *ist für jede Soldatin und jeden Soldaten verbindlich. Dieser Anspruch richtet sich in besonderer Weise an Vorgesetzte, die ihnen anvertraute Menschen zu führen, auszubilden und zu erziehen haben."*

Abb. 5: Kenntnis der ZDv 10/1 Innere Führung (2008), nach Dienstgradgruppe

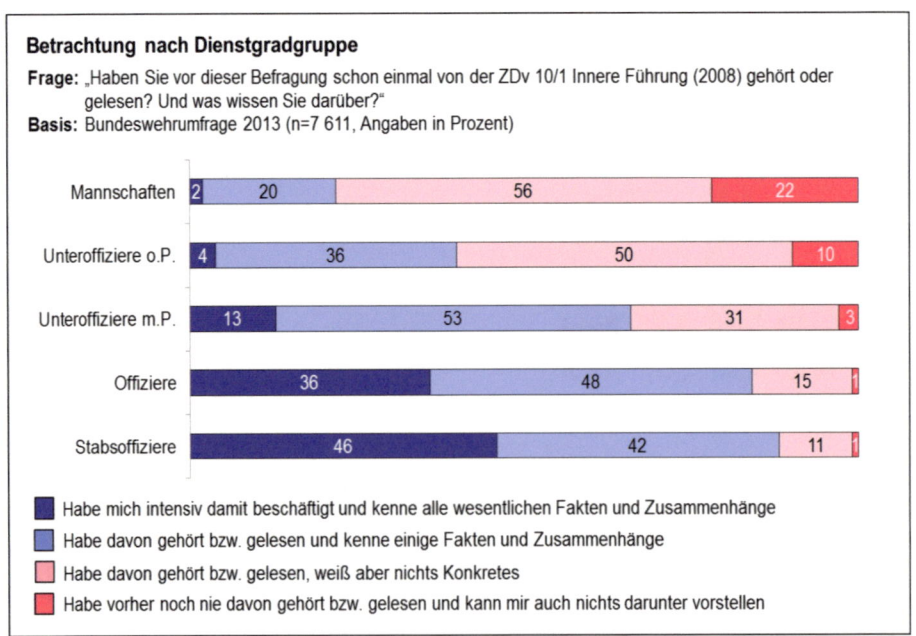

Betrachtung nach Dienstgradgruppe

Frage: „Haben Sie vor dieser Befragung schon einmal von der ZDv 10/1 Innere Führung (2008) gehört oder gelesen? Und was wissen Sie darüber?"
Basis: Bundeswehrumfrage 2013 (n=7 611, Angaben in Prozent)

Dienstgradgruppe	intensiv	gehört, einige Fakten	nichts Konkretes	nie gehört
Mannschaften	2	20	56	22
Unteroffiziere o.P.	4	36	50	10
Unteroffiziere m.P.	13	53	31	3
Offiziere	36	48	15	1
Stabsoffiziere	46	42	11	1

■ Habe mich intensiv damit beschäftigt und kenne alle wesentlichen Fakten und Zusammenhänge
■ Habe davon gehört bzw. gelesen und kenne einige Fakten und Zusammenhänge
■ Habe davon gehört bzw. gelesen, weiß aber nichts Konkretes
■ Habe vorher noch nie davon gehört bzw. gelesen und kann mir auch nichts darunter vorstellen

Große Anteile der Soldatinnen und Soldaten in den Dienstgradgruppen Mannschaften (78 Prozent) und Unteroffiziere o.P. (60 Prozent) geben an, „nichts Konkretes" zu wissen oder „vorher noch nie davon gehört bzw. gelesen" zu haben und sich „auch nichts darunter vorstellen" zu können. Dieser Anteil ist bei den Unteroffizieren m.P. (34 Prozent), den Offizieren (16 Prozent) sowie bei den Stabsoffizieren (12 Prozent) deutlich geringer. Mehr als vier Fünftel der Offiziere und Stabsoffiziere haben mindestens „einige Kenntnisse" oder haben sich „intensiv mit der Vorschrift beschäftigt".

> Der Kenntnisstand zur Inneren Führung variiert sehr stark über die Dienstgradgruppen hinweg. Insbesondere die Mannschaften und die Unteroffiziere o.P. schreiben sich selbst wenig oder gar keine Kenntnis der ZDv 10/1 Innere Führung (2008) zu.

Zwar mag es sein, dass Mannschaften und Unteroffiziere o.P. schon viele Themen der Inneren Führung aus eigenem Erleben in der Truppe kennen und nur die Verbindung zum Stichwort „Innere Führung" nicht herstellen können. Aber das ist kein Einwand dagegen, sie mit den Grundsätzen der Inneren Führung und der aktuell gültigen ZDv 10/1 Innere Führung (2008) vertraut zu machen. Die Ausbildung in Innerer Führung ist für die Angehörigen dieser Laufbahnen zu intensivieren. Möglicherweise kann der höhere Kenntnisstand bei den anderen Laufbahngruppen auf die in diesen Laufbahnen üblichen Unterrichte zurückgeführt werden. Insbesondere die Unteroffiziere sollten ermuntert und angeleitet werden, sich intensiver als bisher mit der Konzeption der Inneren Führung und deren Grundsätzen auseinanderzusetzen, um ihr eigenes Führungshandeln entsprechend deren Vorgaben zu reflektieren. Die Verbindlichkeit der ZDv 10/1 Innere Führung (2008) erfordert es auch, dass sie in allen Militärischen Organisationsbereichen bekannt ist. Das ist bisher noch nicht in ausreichendem Maße der Fall.

Abb. 6: **Kenntnis der ZDv 10/1 Innere Führung (2008),
nach Organisationsbereich**

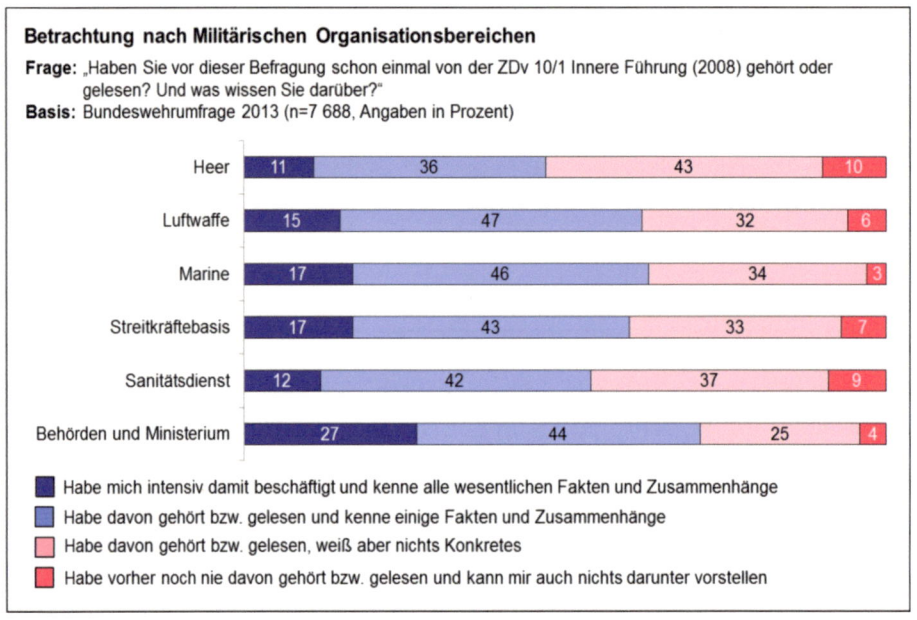

In den Militärischen Organisationsbereichen ist der Kenntnisstand unterschiedlich ausgeprägt. „Intensiv" mit der Vorschrift beschäftigt, sodass man sagen kann, man „kenne alle wesentlichen Fakten und Zusammenhänge", hat sich nur etwa jeder zehnte Angehörige des Heeres sowie ein gutes Viertel der Soldatinnen und Soldaten in den Kommandobehörden und Ämtern sowie im BMVg. Anzunehmen ist, dass diese Anteile maßgeblich durch die Verteilung der jeweiligen Dienstgradgruppen (deutlich mehr Mannschaftsdienstgrade im Heer, deutlich mehr Stabsoffiziere im BMVg) verursacht werden.

Kenntnisse zur Inneren Führung sind in allen Militärischen Organisationsbereichen vorhanden, variieren jedoch entsprechend der verschiedenen Dienstgrade. Berufssoldaten haben sich deutlich intensiver mit der Inneren Führung auseinandergesetzt als Zeitsoldaten.

Abb. 7: **Kenntnis der ZDv 10/1 Innere Führung (2008), nach Statusgruppe**

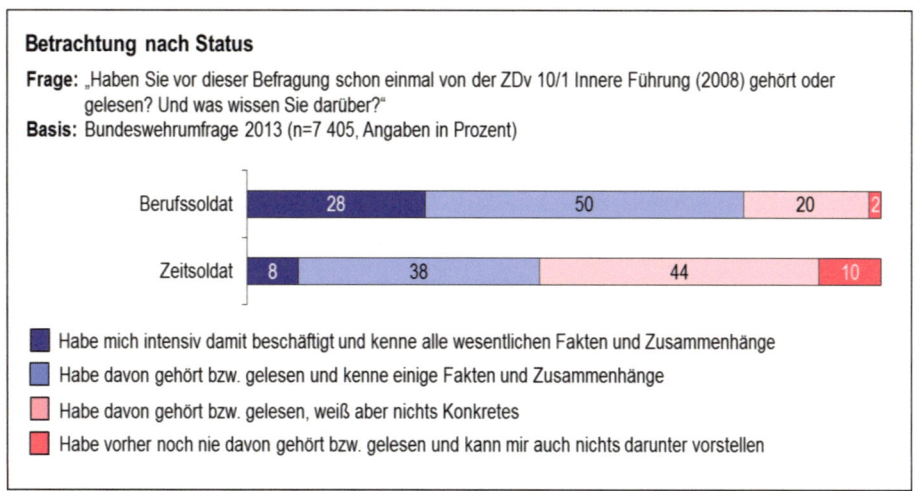

Betrachtung nach Status

Frage: „Haben Sie vor dieser Befragung schon einmal von der ZDv 10/1 Innere Führung (2008) gehört oder gelesen? Und was wissen Sie darüber?"
Basis: Bundeswehrumfrage 2013 (n=7 405, Angaben in Prozent)

Berufssoldat	28	50	20	2
Zeitsoldat	8	38	44	10

■ Habe mich intensiv damit beschäftigt und kenne alle wesentlichen Fakten und Zusammenhänge
■ Habe davon gehört bzw. gelesen und kenne einige Fakten und Zusammenhänge
■ Habe davon gehört bzw. gelesen, weiß aber nichts Konkretes
■ Habe vorher noch nie davon gehört bzw. gelesen und kann mir auch nichts darunter vorstellen

Die Berufssoldatinnen und -soldaten sind zu einem großen Teil mit der ZDv 10/1 Innere Führung (2008) vertraut. Drei Viertel von ihnen kennen diese ZDv. Nur gut jeder Fünfte gibt an, „nichts Konkretes" über die Vorschrift zu wissen, und nur rund 2 Prozent „haben vorher noch nie davon gehört bzw. gelesen" und „[können] sich auch nichts darunter vorstellen". Gerade bei denjenigen, die sich beruflich auf Lebenszeit an die Bundeswehr gebunden haben, ist die dem Anspruch des Dienstherrn nach prägende Vorschrift zum Selbst- und Berufsverständnis von Soldatinnen und Soldaten offenbar bekannt.

Anders sieht es bei Zeitsoldatinnen und -soldaten aus, die etwa 40 Prozent der Offiziere, 50 Prozent der Unteroffiziere m.P. und alle Mannschafts- und Unteroffizierdienstgrade ausmachen. Bei dieser Gruppe ist eine große Unkenntnis zu verzeichnen. Mehr als die Hälfte der Zeitsoldatinnen und -soldaten hat noch „nie davon gehört bzw. gelesen", kann sich „nichts darunter vorstellen" oder „weiß nichts Konkretes".

3.2 Assoziatives Verständnis von Innerer Führung

Wenn nicht nach der Kenntnis der ZDv 10/1 Innere Führung (2008) gefragt wird, sondern allgemeiner danach, welche Begriffe mit Innerer Führung assoziiert werden, dann zeigt sich, dass Mannschaftsdienstgrade gute persönliche Beziehungen zu Kameradinnen und Kameraden sowie zu unmittelbaren Vorgesetzten betonen, Stabsoffiziere dagegen ihre Verantwortung für Gesellschaft und Streitkräfte herausstellen.

Die Frage lautete:
„Wenn Sie Innere Führung mit Stichworten beschreiben sollten, welche wären es?"

Die Auswertung der 7 744 Antworten – jeweils bis zu drei Stichworte konnten angegeben werden – erfolgte für Mannschaftsdienstgrade und für Stabsoffiziere getrennt, um das Spektrum zu verdeutlichen. Die Größe der Schrift spiegelt in den beiden Grafiken jeweils die Häufigkeit der Nennungen wider; die Farbigkeit ist zufällig. Die Bearbeitungssoftware zerschneidet einen Begriff wie „Staatsbürger in Uniform", sodass „Staatsbürger" und „Uniform" als zwei voneinander unabhängige Begriffe sichtbar werden, obwohl von den Probanden in vielen Fällen „Staatsbürger in Uniform" geschrieben worden war.

Abb. 8: Assoziierte Stichworte zu Innerer Führung, Mannschaften

Die hier von den Mannschaftsdienstgraden am häufigsten genannten Stichworte zeigen durchaus ein ebenen- bzw. dienstgradgruppengerechtes Verständnis von Innerer Führung. Die Stichworte Kameradschaft und Menschenführung stechen hervor; Disziplin und Gehorsam werden auch vergleichsweise oft genannt. Ganz selten assoziieren Soldatinnen und Soldaten im Mannschaftsdienstgrad die Begriffe „Führen" oder „Führungskultur", „Legitimation", „Respekt" oder „Menschenwürde" mit Innerer Führung. Auch der Begriff „Verantwortung" wird von den Mannschaftsdienstgraden nur selten genannt, obwohl die Verantwortung der Mannschaftssoldatinnen und -soldaten sehr groß sein kann. Das gilt insbesondere im Auslandseinsatz, wenn Mannschaftsdienstgrade auf Patrouille gehen, aber auch am Heimatstandort, wo sie oft für teures Gerät zuständig sind.

In der ZDv 10/1 Innere Führung (2008) wird betont, dass alle Soldatinnen und Soldaten „stets in der Lage sein [müssen], selbstverantwortlich zu leben

und zu handeln und Verantwortung für andere übernehmen zu können"
(ZDv 10/1, 508.; vgl. auch ZDv 10/4 Selbstverantwortlich leben – Verantwortung für andere übernehmen können). Die Leitvorschrift zur Inneren
Führung sieht in der Selbst- und Nächstenverantwortung eine „Kernkompe-
tenz" und konkretisiert diese folgendermaßen:

Soldatinnen und Soldaten

- „gestalten (…) das Leben in der militärischen Gemein-
  schaft bewusst mit und leben Kameradschaft,
- treten (…) jederzeit für die Werte und Normen der
  freiheitlichen demokratischen Grundordnung ein,
- schärfen (…) ihr Gewissen und entwickeln eine morali-
  sche Urteilsfähigkeit." (ebd.)

Während die Mannschaftsdienstgrade gute persönliche Beziehungen
zu Kameraden und Vorgesetzten betonen, begreifen die Stabsoffiziere ihren Dienst stärker politisch. Sie betonen ihre Verantwortung für
Gesellschaft, Politik und Streitkräfte.

Betrachtet man dagegen die Stichworte zur Inneren Führung, die seitens der
Stabsoffiziere assoziiert werden, dann fällt auf, dass der Begriff „Staatsbürger in Uniform" deutlich im Mittelpunkt steht. Dazu treten „Führen",
„Menschenführung" und „Fürsorge". „Kameradschaft" fällt dagegen weit
ab. Ähnlich deutlich werden auch die Stichworte „Verantwortung" und
„Auftragstaktik" herausgestellt. Vergleichsweise selten als Assoziation benannt werden die Begriffe „Leitbild", „Menschenwürde", „Respekt", „Mit-
bestimmung", „Legitimation" oder auch „Mitmenschlichkeit". Die Begriffe
stehen für Verhaltens- und Umgangsweisen in der militärischen Organisation, sie bezeichnen ebenfalls Postulate der Inneren Führung.

Abb. 9:   **Assoziierte Stichworte zu Innerer Führung, Stabsoffiziere**

Stabsoffiziere assoziieren vor allem den Begriff „Staatsbürger in Uniform". „Vereinbarkeit von Familie und Dienst" wird von ihnen nicht allzu häufig mit Innerer Führung assoziiert, obwohl darin ein persönlich wichtiges Handlungsfeld gesehen wird.

Bemerkenswerterweise gab es keine Nennungen von Stichworten, die nichts mit Innerer Führung zu tun haben, oder die einen gewissen Unernst erkennen lassen würden. Offenbar haben die Befragten die offene Frage angenommen. Der Vergleich dieser dienstgradspezifischen Grafiken kann zu den im Sinne der Inneren Führung zu erwartenden, den erfüllbaren und den gewünschten Rollenverständnissen der verschiedenen Gruppen einladen. Dann sollten die Äußerungen an den aus der ZDv 10/1 Innere Führung (2008) entnommenen Leitbegriffen und -vorstellungen überprüft werden.

Empfehlungen zur Erhöhung der Kenntnisse in Innerer Führung

Die Untersuchung des Bekanntheitsgrades der ZDv 10/1 Innere Führung, die 2008 durch den Bundesminister der Verteidigung erlassen wurde, seitdem in vielen Zehntausend Exemplaren in der Bundeswehr und in der Gesellschaft verteilt wurde, die im Internet für jedermann zugänglich und greifbar ist, die Ausbildungsinhalt ist und nicht zuletzt auch über die jährlichen Berichte des Wehrbeauftragten in die Truppe hineingetragen wird, offenbart, dass Nachsteuerungen nötig sind, wenn der Dienstherr erreichen will, dass (möglichst) alle Soldatinnen und Soldaten sich die Grundsätze und Gedanken der Inneren Führung zu eigen machen.

Zu diesem Zweck könnte die Vorschrift neu aufgelegt, nachgedruckt und verteilt werden. Es gibt aber angeblich auch Überlegungen im Bundesministerium der Verteidigung, eine neue ZDv 10/1 Innere Führung zu erarbeiten. Ob diese neue Fassung der „alten" ZDv 10/1 Innere Führung (2008) mehr beinhalten müsste als wenige kleinere Korrekturen, die an Sinn und Geist der Vorschrift nichts ändern würden? Wie tief die Eingriffe in die ZDv 10/1 Innere Führung von 2008 sein sollen, wird andernorts diskutiert. In der Zwischenzeit sollte die vorliegende „alte" ZDv aus dem Jahr 2008 intensiv weiter genutzt werden, geeignete Unterrichtsentwürfe sowie Lehr- und Lernmaterialien sollten erarbeitet und zur Verfügung gestellt werden. Artikel in Bundeswehr-Zeitschriften und in der überregionalen Presse sollten dabei helfen, die Innere Führung zu verstehen und für die verschiedenen Dienstgradgruppen zu entdecken. Es darf nicht erwartet werden, dass eine neue Vorschrift die Innere Führung ganz neu definieren könnte. Allenfalls an einzelnen Punkten könnte man die „alte" Vorschrift von 2008 ergänzen.

Auch wer die ZDv 10/1 Innere Führung (2008) nicht kennt, kann doch mit Innerer Führung einige Stichworte assoziativ verbinden. Auf diesem assoziativ-intuitiven Verständnis der Inneren Führung kann weiter aufgebaut werden.

Die Diagramme und Abbildungen zu den Stichworten, die Mannschaftsdienstgrade und Stabsoffiziere assoziieren, wenn sie Innere Führung beschreiben sollen, sind gut geeignet als Arbeitsmaterial für Unterrichte zum
Thema Innere Führung. Sie laden ein zur eigenständigen Auslegung und zur
weiterführenden Reflexion. Gefragt werden könnte beispielsweise, ob eine
solche dienstgradgruppenadäquate Wahrnehmung von Innerer Führung
richtig ist. Gefragt werden könnte auch, wie die jeweils genannten Begriffe
zusammenhängen, wie man sie angemessen versteht. Zu bestimmen wäre
auch, welche der genannten Begriffe im Sinne der Konzeption wichtiger
sein sollten, und welche weniger wichtig. Das sind Anregungen, wie Ergebnisse wissenschaftlicher Expertise in Unterrichten zur Inneren Führung
eingesetzt werden können.

3.3   Einstellungen zur Inneren Führung

Wenn die ZDv 10/1 Innere Führung (2008) sich „an alle Angehörigen der
Bundeswehr" (Vorbemerkung) richtet, wenn ihre Grundsätze „die Grundlage für den militärischen Dienst in der Bundeswehr [bilden] und (…) das
Selbstverständnis der Soldatinnen und Soldaten [bestimmen]" (101.), dann
darf von den Angehörigen der Bundeswehr, insbesondere von den Soldatinnen und Soldaten erwartet werden, dass sie persönlich eine positive Einstellung zur Inneren Führung haben. Die persönliche Einstellung der Soldatinnen und Soldaten zur Inneren Führung hängt signifikant mit deren
Kenntnis zusammen.[3] Eine positive Grundeinstellung zum Konzept der
Inneren Führung geht einher mit einer höheren Wahrscheinlichkeit, Wissen
über diese ZDv 10/1 zu besitzen.

---

[3] Korrelationskoeffizient von 0,340; mit statistischer Sicherheit von p< 0,001 eines Zusammenhangs zwischen den Antworten der beiden genannten Fragen (Kendalls tau b,
kann Werte zwischen -1 ‚perfekter negativer Zusammenhang‘, 0 ‚kein Zusammenhang‘
und +1 ‚perfekter positiver Zusammenhang‘ annehmen).

Abb. 10: **Einstellung zur Inneren Führung, Streitkräfte insgesamt**

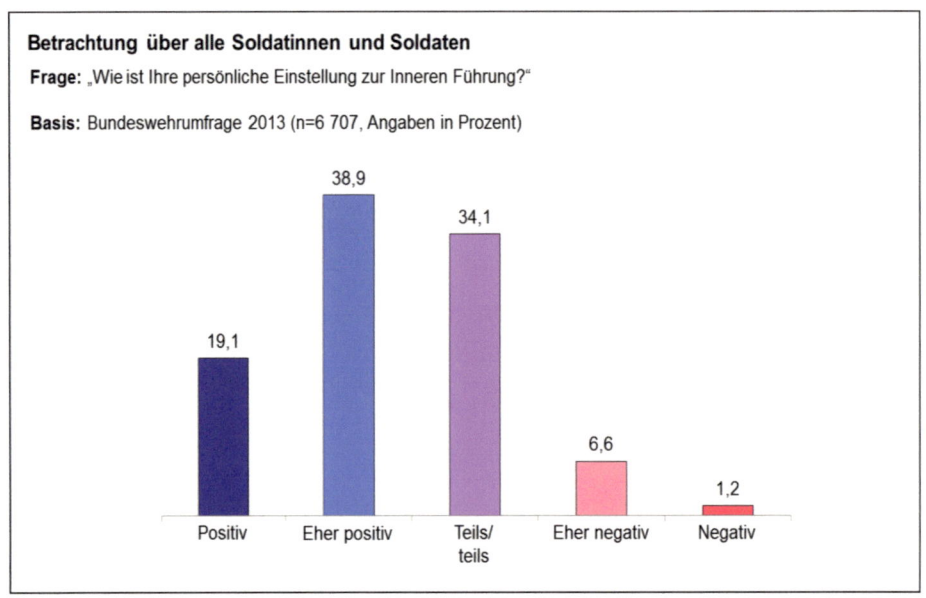

Auf die Frage: „Wie ist Ihre persönliche Einstellung zur Inneren Führung?"
gibt deutlich mehr als die Hälfte der Befragten an, eine „positive" oder „e-
her positive" persönliche Einstellung zu besitzen. Auffällig ist der große
Anteil von Soldatinnen und Soldaten, die sich nicht entscheiden können
oder wollen, ob die eigene persönliche Einstellung zur Inneren Führung
eher positiver oder eher negativer ausfällt. Entscheidet sich gut ein Drittel
der Befragten auf einer fünfstufigen Skala für die Mitte und damit für
„teils/teils", wenn nach der „persönliche[n] Einstellung zur Inneren Führung" gefragt wird, dann ist das bedenklich. Offenbar sind die eigenen Erfahrungen mit Innerer Führung nicht immer solcher Art gewesen, dass diese
Führungskultur eindeutig positiv beurteilt wird. Oder die guten eigenen Erfahrungen werden nicht mit der Inneren Führung verbunden. Diese Unein-
deutigkeit in der „persönliche[n] Einstellung zur Inneren Führung" kann
positiv als Offenheit verstanden werden oder auch als Votum dafür inter-

pretiert werden, die Vorteile der Konzeption deutlicher herauszustellen und die Nachteile genauer einzugrenzen und zu beheben. Eine „eher negative" oder „negative" Einstellung zur Inneren Führung lassen weniger als 10 Prozent der Befragten erkennen.

Abb. 11:   Einstellung zur Inneren Führung, nach Dienstgradgruppe

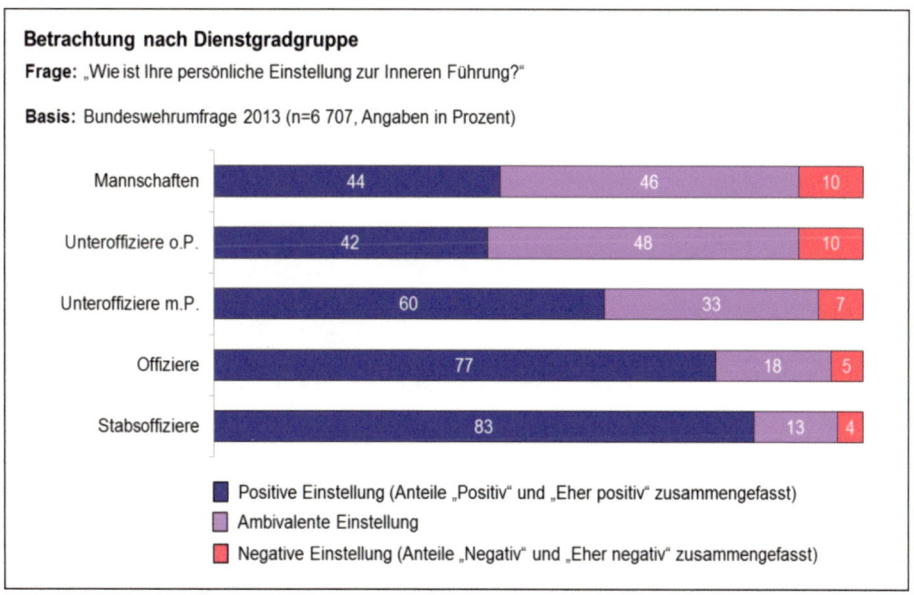

Die dienstgradgruppenspezifische Analyse zeigt ein sehr differenziertes Antwortverhalten: Die persönliche Einstellung der Soldatinnen und Soldaten zur Inneren Führung unterscheidet sich je nach Dienstgradgruppe stark. Deutlich weniger Soldatinnen und Soldaten der Mannschafts- und Unteroffizierlaufbahn haben eine positive Einstellung der Inneren Führung gegenüber, als dies bei den Unteroffizieren m.P., Offizieren und Stabsoffizieren der Fall ist. Entsprechend ist auch bei Betrachtung des Merkmals „Status" die Einstellung zur Inneren Führung in der Gruppe der Berufssoldaten deutlich besser als in der Gruppe der Zeitsoldaten.

Die persönliche Einstellung zur Inneren Führung ist stark abhängig von der Dienstgradgruppe. Während 44 Prozent der Soldatinnen und Soldaten der Mannschaftslaufbahn angeben, eine positive Einstellung zu haben, ist dies bei 83 Prozent der Stabsoffiziere der Fall.

Abb. 12: **Einstellung zur Inneren Führung, nach Organisationsbereich**

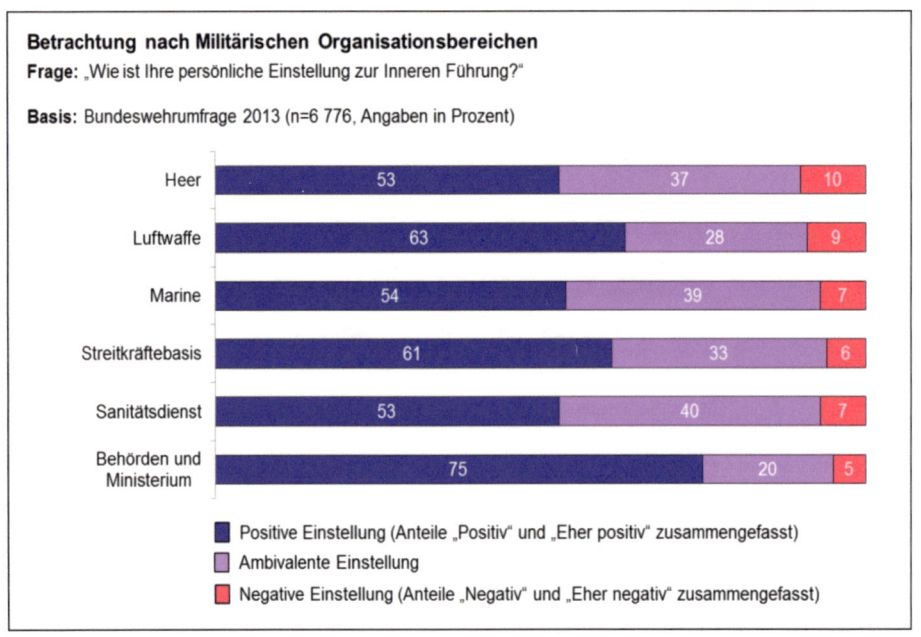

Der Vergleich über alle Angehörigen eines Militärischen Organisationsbereiches hinweg lässt vermuten, dass die Innere Führung in den einzelnen Organisationsbereichen unterschiedliche Relevanz besitzt oder unterschiedlich kommuniziert wird. Diese Unterschiede sind wahrscheinlich vor allem auf die Personalstruktur zurückzuführen, denn in den Bereichen, in denen ein großer Anteil an Stabsoffizieren tätig ist, ist die Einstellung zur Inneren

Führung durchschnittlich besser als in den anderen.[4] Etwaige Unterschiede in der Führungskultur verschiedener Organisationsbereiche wirken sich zumindest in diesem Punkt statistisch nicht nachweisbar aus.

> Im Heer, bei der Marine und im Sanitätsdienst haben deutlich weniger Soldatinnen und Soldaten ein positives Verhältnis zur Inneren Führung als in den anderen Militärischen Organisationsbereichen.

Ein weiterer, diskussionswürdiger Aspekt wird durch den Vergleich der eigenen persönlichen Einstellung zur Inneren Führung mit der vermuteten Einstellung der eigenen dienstlichen Bezugsgruppe sichtbar. Es zeigt sich, dass zwischen beiden Wahrnehmungen – der eigenen sowie der des dienstlichen Umfeldes – Welten klaffen. Durch Soldatinnen und Soldaten in sämtlichen Dienstgradgruppen wird die Einstellung der Mehrheit der Kameradinnen und Kameraden der Inneren Führung gegenüber als signifikant schlechter eingeschätzt als die eigene.

---

[4] Die Überprüfung von Unterschieden in einzelnen Dienstgradgruppen (bspw. ausschließlich Unteroffizieren m.P. in allen Militärischen Organisationsbereichen) zeigt keine statistisch signifikanten Abweichungen.

Abb. 13: Vergleich der eigenen mit der mehrheitlich vermuteten Einstellung zur Inneren Führung

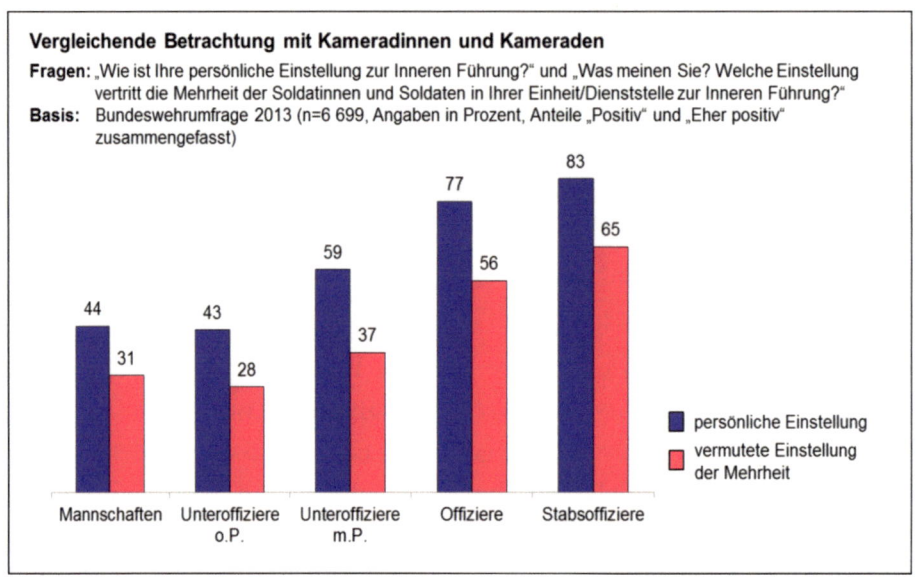

Vergleichende Betrachtung mit Kameradinnen und Kameraden

Fragen: „Wie ist Ihre persönliche Einstellung zur Inneren Führung?" und „Was meinen Sie? Welche Einstellung vertritt die Mehrheit der Soldatinnen und Soldaten in Ihrer Einheit/Dienststelle zur Inneren Führung?"
Basis: Bundeswehrumfrage 2013 (n=6 699, Angaben in Prozent, Anteile „Positiv" und „Eher positiv" zusammengefasst)

- persönliche Einstellung
- vermutete Einstellung der Mehrheit

Die persönliche Einstellung zur Inneren Führung ist bei allen Dienstgrad- und Statusgruppen positiver als die von den Befragten vermutete Einstellung der Kameraden aus der eigenen Dienststelle oder Einheit.

Für die hier zu beobachtende Differenz zwischen der eigenen und der bei den Kameradinnen und Kameraden derselben Dienstgradgruppe vermuteten Einstellung der dienstlichen Bezugsgruppe gibt es bisher keine befriedigende Erklärung. Dieses Ergebnis legt allerdings den Eindruck nahe, dass die Innere Führung in den Einheiten und Dienststellen nicht immer angemessen kommuniziert wird. Das ist natürlich nicht gleichbedeutend mit der Behauptung, dass die Soldatinnen und Soldaten aller Dienstgradgruppen nicht über Fragen miteinander sprechen, die zu den Kernthemen der Inneren Führung gehören. Es kann hier jedoch festgestellt werden, dass Soldatinnen und Soldaten der Überzeugung sind, dass sie selbst etwas persönlich für gut halten, von dem sie annehmen, dass die eigene dienstliche Bezugsgruppe eine weniger positive Einstellung hat.

Abb. 14:   Vergleich der eigenen mit der vermuteten Einstellung der/des Vorgesetzten zur Inneren Führung

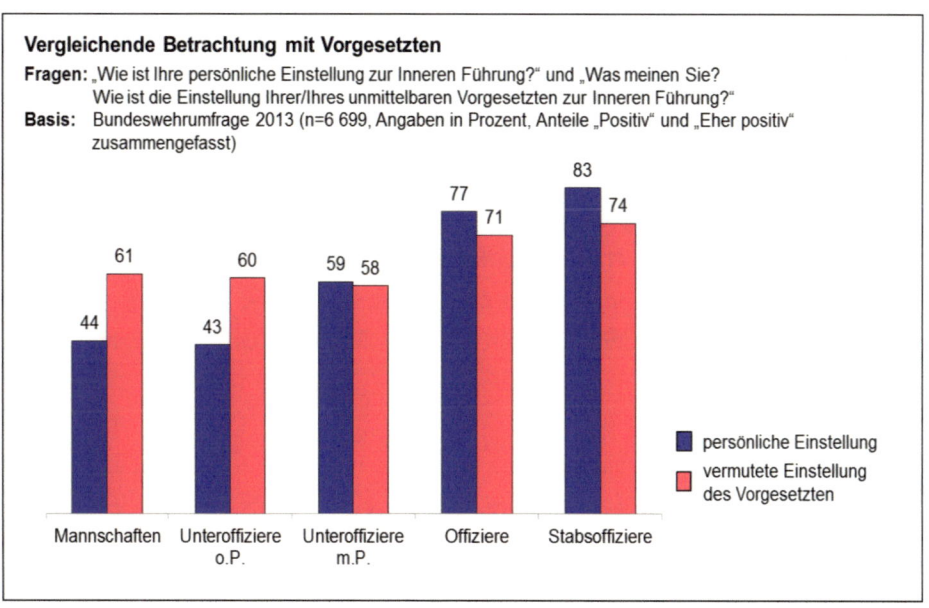

Vergleichende Betrachtung mit Vorgesetzten
Fragen: „Wie ist Ihre persönliche Einstellung zur Inneren Führung?" und „Was meinen Sie? Wie ist die Einstellung Ihrer/Ihres unmittelbaren Vorgesetzten zur Inneren Führung?"
Basis: Bundeswehrumfrage 2013 (n=6 699, Angaben in Prozent, Anteile „Positiv" und „Eher positiv" zusammengefasst)

Mannschaften: 44 / 61
Unteroffiziere o.P.: 43 / 60
Unteroffiziere m.P.: 59 / 58
Offiziere: 77 / 71
Stabsoffiziere: 83 / 74

■ persönliche Einstellung
■ vermutete Einstellung des Vorgesetzten

Ebenfalls interessant sind die Angaben der Befragten zur vermuteten Einstellung der/des unmittelbaren Vorgesetzten. In Bezug zur eigenen Einstellung gesetzt, zeigen sich deutliche Differenzen zwischen den einzelnen Dienstgradgruppen. Während Mannschaften und Unteroffiziere die Einstellung ihrer Vorgesetzten im Durchschnitt als deutlich besser einschätzen als die je eigene, geht der Großteil der Offiziere und Stabsoffiziere davon aus, dass die/der jeweilige Vorgesetzte eine schlechtere Einstellung zur Inneren Führung hat. Lediglich in der Gruppe der Unteroffiziere m.P. ist kein signifikanter Unterschied feststellbar.

3.4 Einstellung zur Inneren Führung nach Auslandseinsätzen

In letzter Zeit ist mehrfach angesichts des von Soldatinnen und Soldaten sowie in der breiten Öffentlichkeit als „Kampfeinsatz" wahrgenommenen Einsatzes der Bundeswehr in Afghanistan gefordert worden, die ZDv 10/1 Innere Führung (2008) zu reform(ul)ieren. Viele Soldatinnen und Soldaten haben inzwischen an Auslandseinsätzen teilgenommen, einige davon mehrfach. Deshalb hätte es nahe gelegen zu mutmaßen, dass die Erfahrung im Auslandseinsatz negative Auswirkungen auf die persönliche Einstellung zur Inneren Führung hat. Das ist nicht der Fall. Die Frage nach der persönlichen Einstellung der Inneren Führung gegenüber wurde unter dem Gesichtspunkt ausgewertet, ob die Erfahrung des Auslandseinsatzes Auswirkungen auf die persönliche Einstellung zur Inneren Führung hat. Sowohl bei der Dienstgradgruppe der Unteroffiziere m.P., wie bei derjenigen der Offiziere und Stabsoffiziere[5] lässt sich feststellen, dass es keine signifikanten Veränderungen gibt.

Auch mit steigender Anzahl an Auslandseinsätzen – auch speziell mit Einsatzerfahrung bei ISAF – ist keine statistisch bedeutsame Änderung der persönlichen Einstellung zur Inneren Führung bei den Befragten festzustellen.

> Der Auslandseinsatz, sei es einer in Afghanistan oder ein anderer, hat keine negativen Auswirkungen auf die persönliche Einstellung der Inneren Führung gegenüber.

---

[5] Die Anzahl der befragten Mannschaften und Unteroffiziere, welche an einem Einsatz teilgenommen haben, ist für den statistischen Nachweis von Unterschieden zu gering. Auf die Darstellung wird daher verzichtet.

Abb. 15: Auswirkung von Erfahrungen im Auslandseinsatz auf die Einstellung zur Inneren Führung

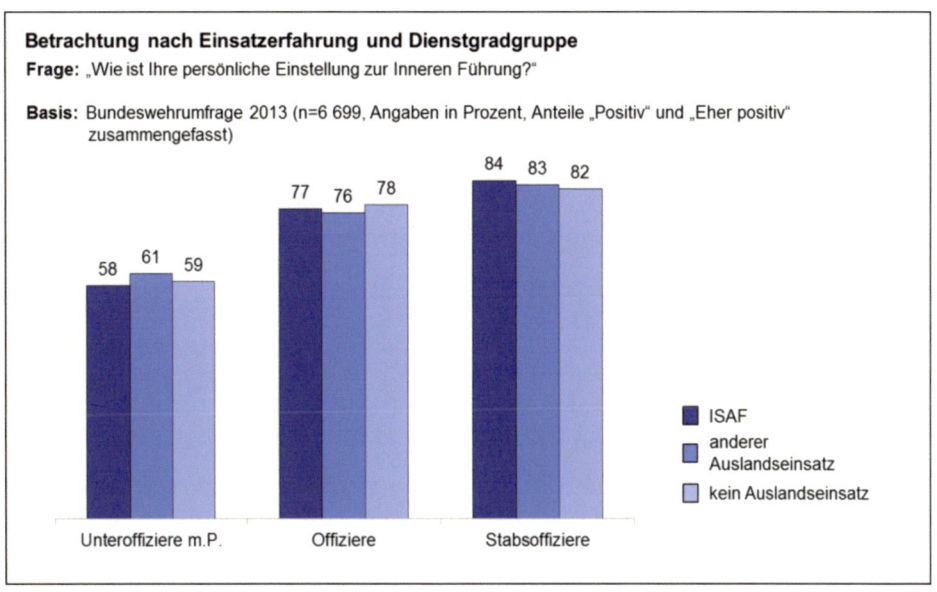

Betrachtung nach Einsatzerfahrung und Dienstgradgruppe
Frage: „Wie ist Ihre persönliche Einstellung zur Inneren Führung?"

Basis: Bundeswehrumfrage 2013 (n=6 699, Angaben in Prozent, Anteile „Positiv" und „Eher positiv" zusammengefasst)

Allerdings gilt dieses Ergebnis nur so lange, wie nicht mehr als fünf Auslandseinsätze durchgeführt werden mussten. Wenngleich auch die Anzahl der Soldatinnen und Soldaten mit einer so hohen Zahl absolvierter Auslandseinsätze nicht ausreicht, um das Ergebnis statistisch sicher nachzuweisen, deutet sich an, dass mit einer hohen Anzahl an Entsendungen in ein Einsatzland die Einstellung der Inneren Führung gegenüber abnimmt. Dafür sind zwei Gründe vorstellbar: Durch die Belastung häufiger Abwesenheit vom Heimatstandort verändert sich die persönliche Einstellung der Inneren Führung gegenüber negativ, „weil der Vorgesetzte mich schon wieder in den Einsatz schickt". Dann ist dieses Votum zu verstehen als implizite Kritik an der mangelnden Fürsorge, die sich im Befehl manifestiert. Es ist aber auch ein zweiter Grund denkbar – das Selbstbild als Soldat könnte sich verändert haben. Das Votum würde dann die Tatsache spiegeln, dass die

Innere Führung nicht mehr als passendes Konzept und Leitbild für einen selbst angenommen wird.

Empfehlungen zur Verbesserung der Einstellung zur Inneren Führung

Die positive Einstellung der Soldatinnen und Soldaten der Bundeswehr gegenüber der Inneren Führung sollte gestärkt werden. Insbesondere sollte den Dienstgradgruppen Mannschaften und Unteroffiziere o.P. stärkere Aufmerksamkeit zuteilwerden.

Vor allem den Ergebnissen des Zusammenhangs von Innerer Führung und Erfahrung im Auslandseinsatz sollte stärkere Beachtung geschenkt werden. Offenbar gibt es weder einen negativen noch einen positiven Einfluss bei einer geringen Zahl von erlebten Einsätzen. Das ändert sich bei einer größeren Zahl von Auslandseinsätzen. Auf Dauer im Blick zu behalten ist, ob und wie sich die Beurteilung der Wichtigkeit der Handlungsfelder (vgl. Kap. 4) bei zunehmender Auslandseinsatzhäufigkeit weiterentwickelt.

Die Aus- und Weiterbildung in Fragen der Inneren Führung sollte in einer solchen Weise vorgenommen werden, dass die Verbindlichkeit der Inneren Führung für alle Dienstgrad- und Statusgruppen deutlicher hervortritt. Nur dann, wenn niemand mehr den Eindruck gewinnen muss, Kameraden und Vorgesetzte würden die Innere Führung eigentlich nicht so sehr schätzen wie man selbst, können sich die positiven Wirkungen der Inneren Führung auf Kohäsion und Verantwortungsbereitschaft jedes einzelnen Soldaten und der Truppe insgesamt entfalten.

3.5   Beurteilung des Vorgesetztenverhaltens

Zur Inneren Führung gehört konstitutiv die Förderung positiver Beziehungen zwischen Vorgesetzten und Untergebenen. Nach der ZDv 10/1 Innere Führung (2008) tragen Vorgesetzte eine besondere Verantwortung für die Gestaltung des Dienstes entsprechend der Grundsätze der Inneren Führung.

„601. Die Vorgesetzten leben Innere Führung vor und tragen eine besondere Verantwortung für die Gestaltung der Inneren Führung in allen Bereichen des militärischen Dienstes.
Von ihren Soldatinnen und Soldaten werden sie als die vornehmsten Träger der Inneren Führung im Dienstalltag wie im Einsatz wahrgenommen. Sie haben damit großen Einfluss auf den Geist der Truppe und gestalten ihr dienstliches Umfeld, indem sie mit Umsicht führen, durch Vorbild erziehen und mit Leidenschaft ausbilden.
Dabei wirken sie so, dass sie für die ihnen anvertrauten Menschen glaubwürdig sind."

Der Konzeption der Inneren Führung nach wird sich das Vorgesetztenverhalten auf die Zufriedenheit der Geführten mit ihren Vorgesetzten auswirken. Um einen Einblick in die Wahrnehmung der Vorgesetzten seitens der ihnen unterstellten Soldatinnen und Soldaten zu gewinnen, wurde daher die Frage nach der Zufriedenheit mit deren Führungsstil in die Befragung aufgenommen. Da je nach Tätigkeit und Dienststelle ein Bundeswehrangehöriger mehrere Vorgesetzte hat, wurde explizit nach dem „unmittelbaren" Vorgesetzten gefragt, sodass jeder Befragte nur eine konkrete Person, die als sein/ihr unmittelbarer Vorgesetzter definiert ist, beurteilen konnte.

Die Frage lautete: „Wie zufrieden sind Sie mit dem Führungsstil Ihres unmittelbaren Vorgesetzten?" und wurde seitens der Befragten auf einer fünfstufigen Skala (von 1 „sehr zufrieden" bis 5 „sehr unzufrieden") beantwortet. Zunächst sind, wie in Abbildung 16 ersichtlich, die Antworten auf diese Frage in Abhängigkeit von der Dienstgradgruppe des Befragten untersucht worden.

Abb. 16: **Zufriedenheit mit der/dem Vorgesetzten, nach Dienstgradgruppe**

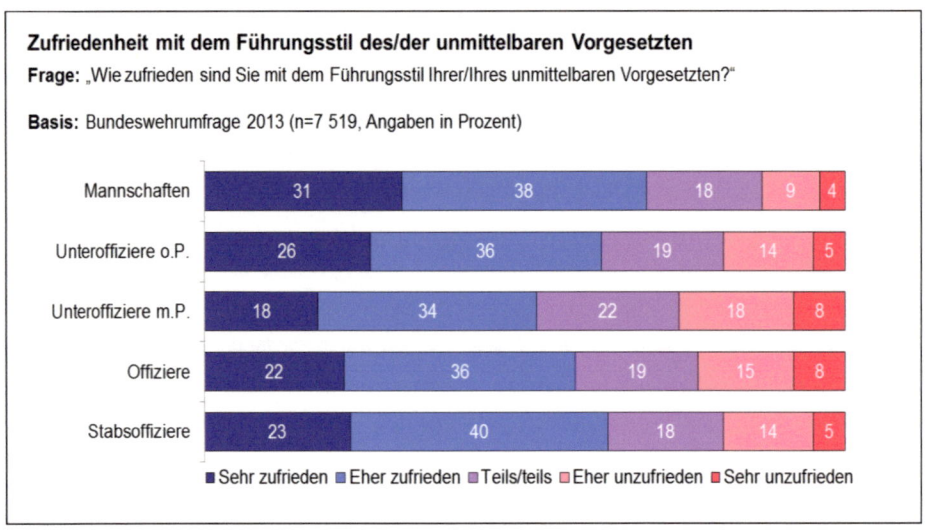

Die Auswertung zeigt, dass die Zufriedenheit mit dem Führungsstil des unmittelbaren Vorgesetzten bei den Soldatinnen und Soldaten der Mannschaftslaufbahn am höchsten ist. Mehr als zwei Drittel sind „sehr" oder „eher zufrieden". Dieser Anteil ist bei den Unteroffizieren o.P. mit 62 Prozent etwas geringer und sinkt bei den Unteroffizieren m.P. nochmals deutlich ab (52 Prozent). 58 Prozent der Offiziere zeigen sich mit ihrem unmittelbaren Vorgesetzten hinsichtlich des Führungsstils zufrieden, während der Anteil bei den Stabsoffizieren mit 63 Prozent etwas höher liegt.

Die Zufriedenheit mit der/dem unmittelbaren Vorgesetzten kann also als durchaus positiv betrachtet werden. Allerdings wird man in Zeiten der Notwendigkeit verbesserter Mitarbeiterbindung wegen guter Alternativen auf dem zivilen Arbeitsmarkt befürchten müssen, dass die gut 40 Prozent nur „teils/teils" zufriedener oder „eher unzufriedener" Untergebener sich – auch wegen des Vorgesetztenverhaltens ihnen gegenüber – vom Arbeitgeber

Bundeswehr schnell abwenden können, obwohl ihre spezielle Expertise möglicherweise dringend gebraucht wird. Deshalb sollte niemand die Anzahl Unzufriedener für vernachlässigbar halten.

Zudem irritiert die große Gruppe derjenigen, die sich für die mittlere Antwortoption, „teils zufrieden, teils unzufrieden" entschieden hat. Wenn etwa jeder/jede fünfte Soldat bzw. Soldatin nur „teils/teils" zufrieden ist, wenn mehr als jeder fünfte Offizier gar angibt, „eher unzufrieden" oder gar „sehr unzufrieden" zu sein, dann sind das alarmierende Signale. Natürlich kann solche Unzufriedenheit vielfältige Ursachen haben, die in der vorliegenden Untersuchung nicht abgefragt wurden. An dieser Stelle soll allein auf das Faktum einer latenten Unzufriedenheit hingewiesen werden. Man kann sich leicht vorstellen, was passiert, wenn Soldatinnen und Soldaten sich in ihrer Unzufriedenheit einigeln und mit der entsprechenden Haltung ihren Dienst verrichten, oder wenn sie sich in Negativkommunikation verbünden und dienstlichen Erfordernissen gegenüber verweigern.

> Der Anteil der Untergebenen, die mit dem Führungsstil des unmittelbaren Vorgesetzten zufrieden sind, schwankt je nach Dienstgradgruppe zwischen 52 und 69 Prozent. In der Gruppe der Unteroffiziere m.P. ist der Anteil der Untergebenen, die mit dem Führungsstil der/des Vorgesetzten nicht zufrieden sind, am größten. Besonders hoch ist der Anteil unzufriedener Unteroffiziere m.P., wenn ein Offizier der Vorgesetzte ist.

Eine weitere Fragestellung ergibt sich aus der Annahme, dass die Wahrnehmung des Führungsstils des/der Vorgesetzten nicht nur von der Dienstgradgruppe des Befragten beeinflusst wird, sondern auch vom Dienstgrad des Führenden. Abbildung 17 zeigt die Anteile der Zufriedenen betrachtet nach der jeweiligen Dienstgradgruppe auf und eröffnet interessante Binnenperspektiven.

Abb. 17:   Zufriedenheit mit der/dem Vorgesetzten, nach Dienstgradgruppe des/der Vorgesetzten

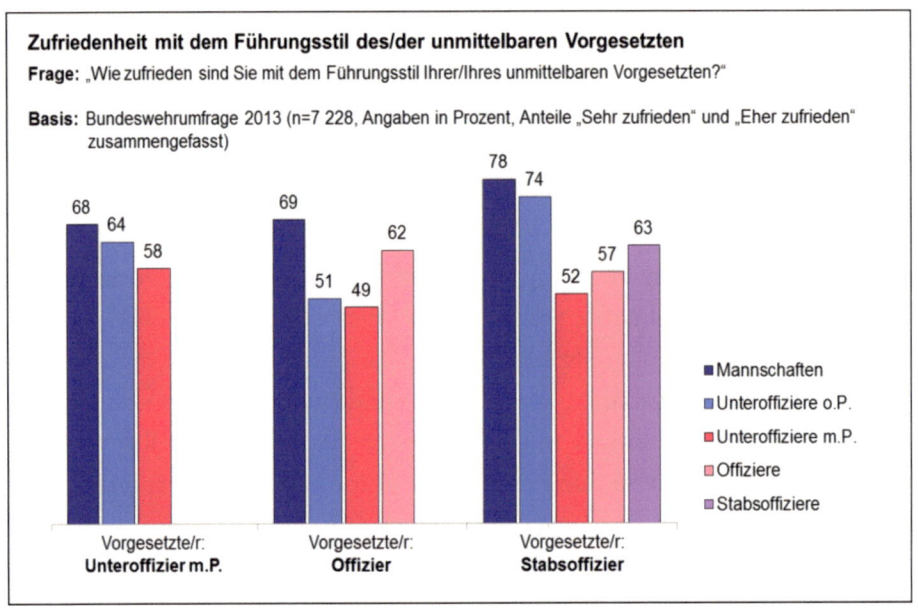

Zufriedenheit mit dem Führungsstil des/der unmittelbaren Vorgesetzten

Frage: „Wie zufrieden sind Sie mit dem Führungsstil Ihrer/Ihres unmittelbaren Vorgesetzten?"

Basis: Bundeswehrumfrage 2013 (n=7 228, Angaben in Prozent, Anteile „Sehr zufrieden" und „Eher zufrieden" zusammengefasst)

Es fällt auf, dass die kritischste Gruppe, diejenige der Unteroffiziere m.P., in der Tendenz weniger zufrieden ist, wenn ihr Vorgesetzter ein Offizier ist. Während der Anteil Zufriedener, die durch einen Unteroffizier m.P. geführt werden, bei 58 Prozent liegt, sind dies deutlich weniger bei einem Offizier (49 Prozent) oder Stabsoffizier (52 Prozent). Auch Unteroffiziere o.P. sind im Durchschnitt zu einem größeren Teil zufrieden mit dem Führungsstil der/des Vorgesetzten, wenn diese/r ein Unteroffizier m.P. ist (64 Prozent), als bei einem Offizier (51 Prozent). Der Anteil derjenigen, die durch einen Stabsoffizier geführt werden und zufrieden mit dessen Führungsstil sind, ist hingegen mit 74 Prozent deutlich höher. Das sich durch diese Angaben andeutende Spannungsverhältnis zwischen Unteroffizieren m.P. und Offizieren sollte in der Folge Thema einer sachlichen Diskussion werden.

3.6 Beurteilung von Einzelmerkmalen des Vorgesetztenverhaltens

Die Innere Führung wurde in der ZDv 10/1 Innere Führung (2008) in der Anlage 1 durch „Leitsätze für Vorgesetzte" konkretisiert. Diese zehn elementaren Verhaltensvorgaben für guten Führungsstil sollen die Vorgesetzten daran erinnern und ermahnen, entsprechend dieser Gebote mit ihren Untergebenen umzugehen. Es kann bei Wirksamkeit der Konzeption der Inneren Führung also davon ausgegangen werden, dass die Umsetzung der Leitsätze im alltäglichen Dienstbetrieb das Verhältnis von Führendem und Geführtem positiv beeinflussen wird. Um das Wirken eines Vorgesetzten im Rahmen dieser Studie zu erfassen, bot es sich daher an, die „Leitsätze für Vorgesetzte" sowie weitere grundlegende Forderungen an Vorgesetzte, die der Vorschrift zu entnehmen waren, als Kriterien für die Beurteilung des Vorgesetztenverhaltens heranzuziehen. Diese wurden so in Items umformuliert, dass die Befragten wiederum auf einer fünfstufigen Skala (1 „Trifft zu" bis 5 „Trifft nicht zu") ihre Einschätzung abgeben konnten. Folgende Sätze aus der Vorschrift wurden in die abgefragten Items umformuliert (hier in der Reihenfolge der Frage Q17 wiedergegeben):

a)   **Mein/e unmittelbare/r Vorgesetzte/r nimmt sich Zeit für mich und kennt mich gut.**
„Ich kenne meine Soldatinnen und Soldaten und nehme mich ihrer Sorgen und Nöte an." (ZDv 10/1, Anhang, Leitsätze für Vorgesetzte, 8.)

b)   **Schwierige Situationen durchsteht er/sie gemeinsam mit seinen/ihren Untergebenen.**
„Ich (…) teile mit meinen Untergebenen Härten und Entbehrungen." (ZDv 10/1, Anhang, Leitsätze für Vorgesetzte, 3.; ZDv 10/1, 617.)

c) **Für seine/ihre Soldaten geht er/sie immer mit gutem Vorbild voran.**

„Ich bin ein Vorbild in Haltung und Pflichterfüllung (…).“ (ZDv 10/1, Anhang, Leitsätze für Vorgesetzte, 3.)

d) **Das Fordern und Fördern von interkultureller Kompetenz liegt meinem/meiner unmittelbaren Vorgesetzten persönlich am Herzen.**

„Vorgesetzte fordern und fördern die interkulturelle Kompetenz ihrer Untergebenen so, dass diese verhaltenssicher und respektvoll sowohl gegenüber der Bevölkerung des jeweiligen Einsatzgebietes als auch gegenüber Angehörigen anderer Nationen auftreten.“ (ZDv 10/1, 620.)

e) **Tadel und vor allem Lob sind für ihn/sie elementare Führungselemente.**

„Lob, aber auch Tadel fördern die Motivation und die Einsatzbereitschaft der Untergebenen.“ (ZDv 10/1, 624.)

f) **Er/sie ist in der Lage, sich auch selbst kritisch einzuschätzen.**

„Das Wissen um die eigenen Grenzen erleichtert den Umgang mit den Stärken und Schwächen der Anderen. Hierzu ist eine kritische Selbsteinschätzung erforderlich. Vorgesetzte müssen sich bewusst sein, dass ihr Verhalten durch ihre militärische und zivile Umwelt stets aufmerksam beobachtet (…) wird.“ (ZDv 10/1, 622., Hervorhebung weggelassen)

g) **Es fällt meinem/meiner unmittelbaren Vorgesetzten leicht, auch den politischen Sinn einer Aufgabe zu vermitteln.**

„Politische Bildung in der Bundeswehr hilft den Soldatinnen und Soldaten, ihre Kenntnis der Werte und Normen des Grundgesetzes zu vertiefen, damit sie den Sinn und die Notwendigkeit ihres Dienstes für Frieden, Freiheit und Recht besser verstehen und anerkennen.“ (ZDv 10/1, 625.) *„Politische Bildung ist eine weitere Kernaufgabe aller Vorgesetzten (…).“* (ZDv 10/1, 631., Hervorhebung weggelassen)

h) **Gleichberechtigung der Geschlechter ist ein unverzichtbares Element seiner/ihrer Führung.**

„Auf der Basis des Soldatinnen- und Soldatengleichbehandlungsgesetzes sollen die Vorgesetzten sicherstellen, dass es bei den Soldatinnen und Soldaten der Bundeswehr nicht zu Benachteiligungen aufgrund des Geschlechts (…) für den militärischen Dienst kommt." (ZDv 10/1, 641. sowie 619., Hervorhebung weggelassen)

i) **Er/sie gibt mir in jeder Lage Handlungssicherheit.**

„Ausbildung soll Handlungssicherheit und Eigenständigkeit fördern." *(ZDv 10/1, 645.)*

j) **Mein/e unmittelbare/r Vorgesetzte/r redet offen mit seinen/ihren Untergebenen über Ängste oder besondere Erlebnisse, auch über Tod und Verwundung.**

„In Zeiten gemeinsamer Belastung, Gefährdung und Bewährung kommen auch Dinge zur Sprache, die an die menschliche Existenz rühren. Themen wie Verwundung und Tod, Umgang mit Angst oder Fragen nach Schuld und Versagen dürfen dabei nicht verdrängt oder heruntergespielt werden, sondern müssen ehrlich und einfühlsam besprochen werden." (ZDv 10/1, 609., Hervorhebung weggelassen)

k) **Er/sie berücksichtigt die Bedürfnisse, die ich im Zusammenhang mit meinem Familienleben habe.**

„Die Verbesserung der Vereinbarkeit von Familie und Dienst ist eine wesentliche Führungsaufgabe. Angemessene Rücksichtnahme auf familiäre und partnerschaftliche Belange der Soldatinnen und Soldaten bei der Umsetzung dienstlicher Erfordernisse ist eine dienstliche Pflicht aller Vorgesetzten und der Personalführung." (ZDv 10/1, 665., Hervorhebung weggelassen)

l) **Er/sie bezieht seine/ihre Untergebenen regelmäßig in die Dienstgestaltung ein.**

„Die Fertigkeiten, Fähigkeiten und Kenntnisse der Soldatinnen und Soldaten sind einzubeziehen, zu fördern und zu nutzen. (...) Soldatinnen und Soldaten sind, wann immer dies möglich ist, an Planung und Gestaltung des Dienstes zu beteiligen und zur aktiven Mitarbeit aufzurufen.“ (ZDv 10/1, 646.)

m) **Mein/e unmittelbare/r Vorgesetzte/r ist als Autorität aner-kannt.**

„Ehrlicher Umgang mit sich selbst erhöht die Autorität als Vorgesetzte bzw. als Vorgesetzter.“ (ZDv 10/1, 622., Hervorhebung weggelassen)

n) **Er/sie vertraut den Fähigkeiten seiner/ihrer Untergebenen.**

„Ich schaffe die Voraussetzungen für gegenseitiges Vertrauen.“ (Anhang, Leitsätze für Vorgesetzte, 5., vgl. a. ZDv 10/1, 605f.)

o) **Er/sie ist fachlich kompetent.**

„[F]achliches Können [des Führungspersonals] bestimm[t] maßgeblich die Einsatzfähigkeit der Truppe.“ (ZDv 10/1, 644.)

p) **Mein/e unmittelbare/r Vorgesetzte/r ist in seinem/ihrem Handeln unbürokratisch.**

Vorgesetzte „entlasten die Untergebenen von administrativen Erschwernissen.“ (ZDv 10/1, 643.)

q) **Mein/e unmittelbare/r Vorgesetzte/r führt partnerschaftlich.**

„Ich führe partnerschaftlich. Ich nutze die Fähigkeiten und Fertigkeiten meiner Soldatinnen und Soldaten und beteilige sie wann immer möglich an meiner Entscheidungsfindung.“ (ZDv 10/1, Anhang, Leitsätze für Vorgesetzte, 7.; vgl. ZDv 10/1, 615.)

Mittels Zusammenfassung der Nennungen „Trifft zu" und „Trifft eher zu" ist in Abbildung 18 dargestellt, wie gut die Forderungen der Inneren Führung in der Wahrnehmung der Soldatinnen und Soldaten umgesetzt werden.[6] Die 16 abgeprüften Kriterien sind in dieser Übersicht nach Relevanz geordnet. Die Relevanz des jeweiligen Items für die Zufriedenheit des Befragten mit dem Führungsstil der/des Vorgesetzten wurde mittels Regressionsanalyse bestimmt.

Am wichtigsten für die Wahrnehmung einer/s Vorgesetzten als „gute Führungskraft" sind also ihre/seine Vorbildlichkeit, ihre/seine fachliche Kompetenz, ihr/sein Vermitteln von Handlungssicherheit, ihre/seine Ermöglichung partnerschaftlicher Zusammenarbeit, die Erfahrung der Gemeinsamkeit beim Durchstehen schwieriger Situationen sowie die Fähigkeit zur Selbstkritik. Wer seiner/m Vorgesetzten bei diesen Themen bescheinigt, dass sie/er gut handelt, ist auch insgesamt mit ihr/ihm zufrieden.

Während insgesamt 69 Prozent der Befragten ihrer/ihrem Vorgesetzten fachliche Kompetenz bescheinigen (Antworten „Trifft zu" und „Trifft eher zu" zusammengefasst), werden die anderen fünf Bewertungskriterien, deren Relevanz für das Gesamturteil über den Vorgesetzten als „hoch" beurteilt werden muss, als vergleichsweise schlecht erfüllt angesehen. Nur etwa jeder zweite Befragte beurteilt seine/n Vorgesetzte/n als vorbildlich und bescheinigt ihm/ihr, schwierige Situationen gemeinsam mit den Untergebenen durchzustehen. Nur etwa die Hälfte der Vorgesetzten erfüllt den Wunsch der Untergebenen nach Handlungssicherheit. Deutlich weniger als die Hälfte der Vorgesetzten werden als solche beurteilt, die partnerschaftlich führen oder sich selbst kritisch einschätzen können. Obwohl diese sechs Verhaltensweisen von Vorgesetzten für die Beurteilung des Führungsverhaltens von Vorgesetzten durch Untergebene die größte Relevanz haben, ist höchs-

---

[6] Eine alternative Darstellung bieten Abbildungen 32 und 33 im Anhang 6.2, welche statt Prozentangaben die errechneten Mittelwerte der Angaben der Befragten beinhalten.

tens die Hälfte der Untergebenen diesbezüglich mit den Vorgesetzten zufrieden.

Hinsichtlich der fachlichen Kompetenz sind die Vorgesetzten von mehr als zwei Dritteln ihrer Untergebenen anerkannt. In den Punkten Vorbildhaftigkeit, Handlungssicherheit, Partnerschaftlichkeit, Gemeinschaftssinn und Selbstkritik werden durch eine auffällig große Anzahl von Befragten Defizite aufgezeigt.

Geringere Bedeutung für die Beurteilung des Vorgesetztenverhaltens haben die übrigen abgefragten Items, auch wenn hier teilweise die Beurteilung der/des Vorgesetzten durch die Untergebenen so gut ist wie bei der fachlichen Kompetenz. Sogar wenn einer/m Vorgesetzten von mehr als zwei Dritteln ihrer/seiner Untergebenen bescheinigt wird, sie/er vertraue den Fähigkeiten ihrer/seiner Untergebenen, ist für die Gesamtbeurteilung der/des Vorgesetzten dieses Einzelmerkmal ihres/seines Verhaltens nicht so relevant wie das negative Urteil in einem der erstgenannten Felder.

Nach Meinung von zwei Dritteln der Untergebenen vertrauen Vorgesetzte den Fähigkeiten der Untergebenen. Allerdings ist diese Bewertung für das Gesamturteil über das Vorgesetztenverhalten vergleichsweise nachrangig.

Abb. 18: Einzelmerkmale des Vorgesetztenverhaltens, Streitkräfte insgesamt

Bewertungskriterium für Verhalten der/des Vorgesetzten	Zustimmung in Prozent	Relevanz*
Für seine/ihre Soldaten geht er/sie immer mit gutem **Vorbild** voran.	51	**Hoch** (0.19)
Er/Sie ist **fachlich kompetent.**	69	**Hoch** (0.14)
Er/Sie gibt mir in jeder Lage **Handlungssicherheit.**	49	**Hoch** (0.13)
Mein/e unmittelbare/r Vorgesetzte/r führt **partnerschaftlich.**	43	**Hoch** (0.13)
Schwierige Situationen durchsteht er/sie **gemeinsam** mit seinen/ihren Untergebenen.	53	**Hoch** (0.12)
Er/Sie ist in der Lage, sich auch **selbst kritisch** einzuschätzen.	45	**Hoch** (0.10)
Mein/e unmittelbare/r Vorgesetzte/r nimmt sich **Zeit** für mich und kennt mich gut.	58	Mittel (0.07)
Er/Sie **vertraut** den Fähigkeiten seiner/ihrer Untergebenen.	68	Mittel (0.07)
Tadel und vor allem **Lob** sind für ihn/sie elementare Führungselemente.	45	Mittel (0.06)
Er/Sie berücksichtigt die Bedürfnisse, die ich im Zusammenhang mit meinem **Familienleben** habe.	61	Mittel (0.04)
Mein/e unmittelbare/r Vorgesetzte/r ist in seinem/ihrem Handeln **unbürokratisch.**	48	Mittel (0.03)
Er/sie bezieht seine/ihre Untergebenen regelmäßig in die **Dienstgestaltung** ein.	47	Gering ---

Es fällt meinem/meiner unmittelbaren Vorgesetzten leicht, auch den **politischen Sinn** einer Aufgabe zu vermitteln.	47	Gering ---
Gleichberechtigung der Geschlechter ist ein unverzichtbares Element seiner/ihrer Führung.	65	Gering ---
Das Fordern und Fördern von **interkultureller Kompetenz** liegt meinem/meiner unmittelbaren Vorgesetzten persönlich am Herzen.	39	Gering ---
Mein/e unmittelbare/r Vorgesetzte/r **redet offen** mit seinen/ihren Untergebenen über Ängste oder besondere Erlebnisse, auch über Tod und Verwundung.	35	Gering ---

Anteile „Trifft zu" und „Trifft eher zu" zusammengefasst.
* Werte in Klammern sind standardisierte Regressionskoeffizienten und werden nur angegeben, wenn sie statistisch signifikant sind. Erfasste Varianz der abhängigen Variable: korr. $R^2=0.78$.

Auffällig ist, dass vielen Vorgesetzten interkulturelle Kompetenz von ihren unmittelbaren Untergebenen als prioritäres Verhaltensfeld eher abgesprochen wird. Zwar wird aus dieser empirischen Befragung nicht erkennbar, was die Untergebenen jeweils als interkulturelle Kompetenz bei ihren Vorgesetzten anerkennen oder vermissen, aber dass das Thema etwas mit zwischenmenschlichem Umgang zu tun hat, ist deutlich. Gerade im Bereich interkulturelle Kompetenz hat die Bundeswehr in den letzten Jahren einige Anstrengungen unternommen, die Soldatinnen und Soldaten aller Dienstgradgruppen weiterzubilden (etwa durch Artikel, Unterweisungen sowie Übungen bei der einsatzvorbereitenden Ausbildung).

Diejenigen Items, deren Relevanz für die Bewertung des Vorgesetztenverhaltens hoch ist, sind im Folgenden unter dem Gesichtspunkt des Dienstgrades des/der Vorgesetzten analysiert worden. Dabei zeigt sich, dass die Beurteilung der verschiedenen Dienstgradgruppen durch ihre jeweiligen Untergebenen von großer Bedeutung ist.

Abb. 19: **Einzelmerkmale des Vorgesetztenverhaltens, nach Dienstgradgruppe des/der Vorgesetzten**

	Dienstgradgruppe der/des Vorgesetzten			
	Signifikanz	Unteroffizier m.P.	Offizier	Stabsoffizier
Bewertungskriterium für Verhalten der/des Vorgesetzten				
Für seine/ihre Soldaten geht er/sie immer mit gutem **Vorbild** voran.	***	56	**47**	**49**
Er/Sie ist **fachlich kompetent.**	***	77	61	68
Er/Sie gibt mir in jeder Lage **Handlungssicherheit.**	***	57	**43**	**45**
Mein/e unmittelbare/r Vorgesetzte/r führt **partnerschaftlich.**	***	**49**	**37**	**42**
Schwierige Situationen durchsteht er/sie **gemeinsam** mit seinen/ihren Untergebenen.	***	61	**48**	50
Er/Sie ist in der Lage, sich auch **selbst kritisch** einzuschätzen.	*	**47**	**42**	**46**
Angaben in Prozent, Nennungen „Trifft zu" und „Trifft eher zu" zusammengefasst.				

Nur ein Aspekt des Vorgesetztenverhaltens wird von über drei Vierteln der betroffenen Untergebenen positiv beurteilt: die fachliche Kompetenz der Unteroffiziere m.P. Aber auch die Offiziere und Stabsoffiziere erzielen in diesem Punkt die besten Werte.

Fett markiert wurden in Abbildung 19 die Werte unter 50 Prozent. Das heißt, dass weniger als die Hälfte der Vorgesetzten der jeweiligen Dienstgradgruppe von ihren Untergebenen das Urteil erhalten hat, dass die jeweils abgefragte Aussage zutreffe oder eher zutreffe. Das ist ein Ergebnis, das Korrekturen notwendig macht. Die Angaben über die Signifikanz veranschaulichen, dass die Unterschiede zwischen den Dienstgradgruppen des/der Vorgesetzten bei allen Aussagen statistisch nachweisbar sind.

Unteroffiziere m.P. werden von ihren Untergebenen hinsichtlich der dargestellten Bewertungskriterien am positivsten beurteilt, Offiziere am schlechtesten. Diese Differenz ist vor allem darauf zurückzuführen, dass Offiziere zu einem großen Teil die Gruppe der Unteroffiziere m.P. als Untergebene führen, sodass die Bewertungen dieser kritischsten Gruppe stärker zum Tragen kommen, als das bei den Stabsoffizieren und Unteroffizieren m.P. selbst der Fall ist, die vor allem Mannschaften und Unteroffiziere führen.[7] Dies hilft zum einen bei der Einordnung der Ergebnisse, weist aber zum anderen auch auf das mit Priorität zu betrachtende Spannungsverhältnis zwischen Unteroffizieren m.P. und den ihnen vorgesetzten Offizieren hin.

Die fachliche Kompetenz wird bei sehr vielen Vorgesetzten geschätzt. Eine schlechtere Beurteilung erhalten Vorgesetzte vor allem für ihren Mangel an Selbstkritik und für ihren Mangel an partnerschaftlichem Führungsverhalten.

---

[7] Eine Übersicht über das Unterstellungsverhältnis findet sich im Anhang 6.2.

Auf welche Erfahrungen mit ihrem unmittelbaren Vorgesetzten die Untergebenen jeweils abheben, wenn sie „trifft eher nicht zu" oder „trifft nicht zu" angekreuzt haben, wird durch diese Untersuchung nicht erfasst. Unzweifelhaft ist aber, dass alle Vorgesetzten daran arbeiten sollten, partnerschaftlicher zu führen und sich selbst auch einmal kritisch einzuschätzen. Sich in die Lage des Untergebenen hineinzuversetzen und sich selbst gewissermaßen mit dessen Augen zu sehen, dürfte vielfach schon helfen. Der objektivierende ‚Spiegel', den die Untergebenen in dieser anonymen Befragung ihren Vorgesetzten vor das Antlitz halten, sollte nicht als Zerrspiegel, sondern als Problemanzeige wahrgenommen werden.

3.7   Vertrauen in den unmittelbaren Vorgesetzten

In der militärsoziologischen Literatur wie auch bei Praktikern gilt Vertrauen von Untergebenen zu Vorgesetzten als unbedingt notwendig für die Auftragserfüllung. Vertrauen ist eine menschliche Haltung, die das Binnenklima sozialer Gebilde bestimmt und für Streitkräfte als in besonderer Weise notwendig angesehen wird. Schließlich müsse man sich ganz, notfalls „mit Leib und Leben", dem vom Vorgesetzten erteilten Auftrag hingeben und dürfe im entscheidenden Moment nicht in zweifelndes Räsonnement verfallen.

In der ZDv 10/1 Innere Führung (2008) wird die Bedeutung vertrauensvoller Beziehungen zwischen Vorgesetzten und Untergebenen, zwischen Untergebenen und Vorgesetzten an zahlreichen Stellen hervorgehoben. (vgl. 107., 313., 605ff., 617., 635.) Hier heißt es zusammenfassend:

„605. Vertrauen ist die wichtigste Grundlage für menschliches Miteinander und Kameradschaft sowie Wesensmerkmal einer verantwortungsbewussten Menschenführung. Vertrauen und Kameradschaft verbinden besonders in Belastungssituationen über alle Dienstgradgruppen hinweg. Vertrauen setzt Menschenkenntnis und Einfühlungsvermögen voraus. Vorgesetzte müssen sich deshalb Zeit für die ihnen anvertrauten Soldatinnen und

Soldaten nehmen. Sie müssen sie kennen und verstehen lernen. Dazu müssen Vorgesetzte aufgeschlossen auf die ihnen anvertrauten Menschen zugehen." (Hervorhebungen weggelassen)

Vertrauen muss von oben nach unten, aber auch von unten nach oben wachsen. Besonders wichtig ist in militärischen Organisationen, dass die Untergebenen ihren Vorgesetzten vertrauen – denn sonst würden sie womöglich deren Aufträge nicht umsetzen oder keine offene Kommunikation mit ihnen pflegen. Das aber sind die Grundbedingungen einer gedeihlichen Zusammenarbeit, wie sie in großen Organisationen in besonderer Weise notwendig ist. Vorgesetzte sind deshalb in der Bundeswehr gehalten, das Vertrauen in ihre Person durch die Untergebenen durch ihr eigenes Führungshandeln zu fördern, zu stärken und zu erhalten. (vgl. ZDv 10/1, 606., 617., 635.) Weil im Fokus dieser Untersuchung die Beurteilung des Vorgesetztenverhaltens durch die Untergebenen stand, wurde hier allein nach dem Vertrauen gefragt, das die Untergebenen ihren Vorgesetzten entgegenbringen. Deshalb wurde die Frage „Ich vertraue meinem unmittelbaren Vorgesetzten" in die Analyse einbezogen und unter den Gesichtspunkten: Zugehörigkeit zur Dienstgradgruppe sowie Dienstgrad der/des Vorgesetzten näher untersucht.

Abb. 20: **Vertrauen in den unmittelbaren Vorgesetzten, Streitkräfte insgesamt**

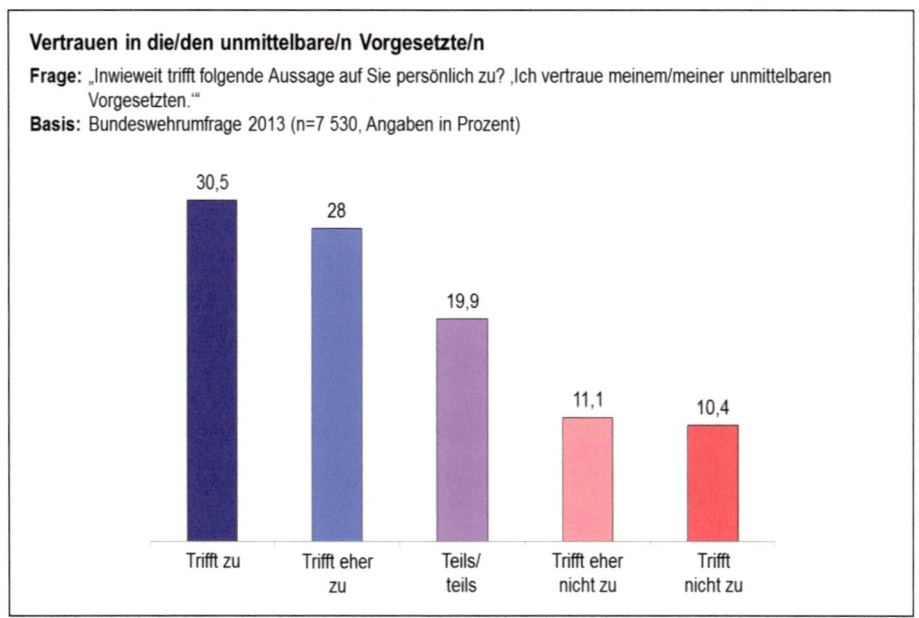

Vertrauen in die/den unmittelbare/n Vorgesetzte/n

Frage: „Inwieweit trifft folgende Aussage auf Sie persönlich zu? ‚Ich vertraue meinem/meiner unmittelbaren Vorgesetzten.'"

Basis: Bundeswehrumfrage 2013 (n=7 530, Angaben in Prozent)

Insgesamt vertrauen weit mehr als die Hälfte aller Soldatinnen und Soldaten ihrem unmittelbaren Vorgesetzten. Analysiert man dieses Ergebnis nach Dienstgradgruppe der Befragten, ergibt sich folgendes Bild:

**Abb. 21:   Vertrauen in den unmittelbaren Vorgesetzten,
                  nach Dienstgradgruppe**

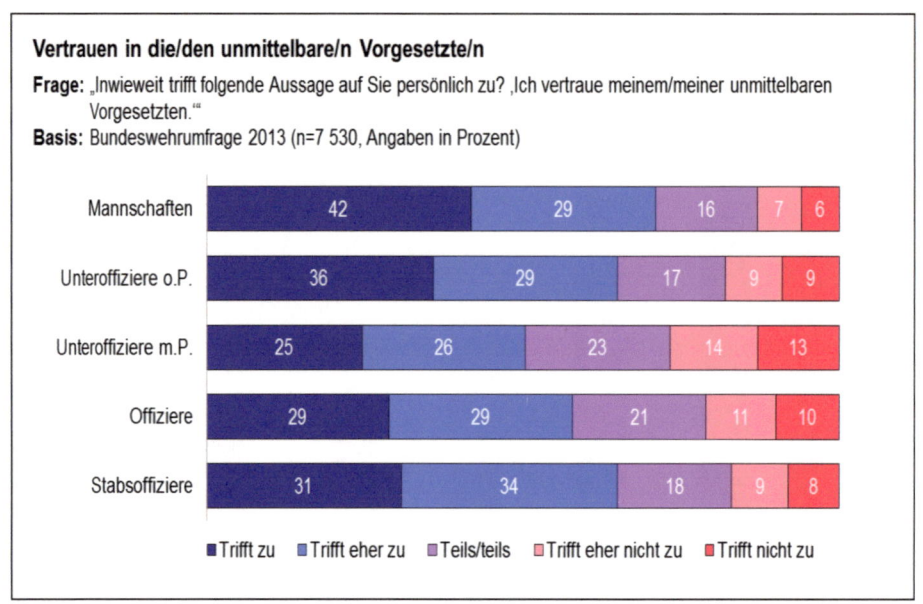

Vertrauen in die/den unmittelbare/n Vorgesetzte/n

Frage: „Inwieweit trifft folgende Aussage auf Sie persönlich zu? ‚Ich vertraue meinem/meiner unmittelbaren
Vorgesetzten.'"

Basis: Bundeswehrumfrage 2013 (n=7 530, Angaben in Prozent)

	Trifft zu	Trifft eher zu	Teils/teils	Trifft eher nicht zu	Trifft nicht zu
Mannschaften	42	29	16	7	6
Unteroffiziere o.P.	36	29	17	9	9
Unteroffiziere m.P.	25	26	23	14	13
Offiziere	29	29	21	11	10
Stabsoffiziere	31	34	18	9	8

Etwas mehr als jeder fünfte Untergebene vertraut seinem unmittelbaren Vorgesetzten „eher nicht" oder „nicht". Am wenigsten Vertrauen lassen diesbezüglich die Unteroffiziere m.P. erkennen.

Analysiert man diese Ergebnisse unter dem Gesichtspunkt, welche Dienstgradgruppe in welche andere mehr oder weniger Vertrauen hat, dann stellt sich heraus, dass das Vertrauen, welches die Unteroffiziere m.P. Offizieren oder Stabsoffizieren gegenüber äußern, weitaus geringer ist als das Vertrauen, was andere Untergebene in ihre jeweiligen unmittelbaren Vorgesetzten haben. Dieses Ergebnis bestätigt den engen Zusammenhang zwischen der Zufriedenheit mit dem Führungsstil der/des unmittelbaren Vorgesetzten und dem Vertrauen, das daraus erwächst. Die Verteilung ist über die

Dienstgradgruppen hinweg sehr ähnlich. Aber auch hier zeigt sich, dass das Unterstellungsverhältnis von Unteroffizieren m.P. zu Offizieren am problematischsten ist.

Abb. 22: **Vertrauen in den unmittelbaren Vorgesetzten, nach Dienstgradgruppe der/des Vorgesetzten**

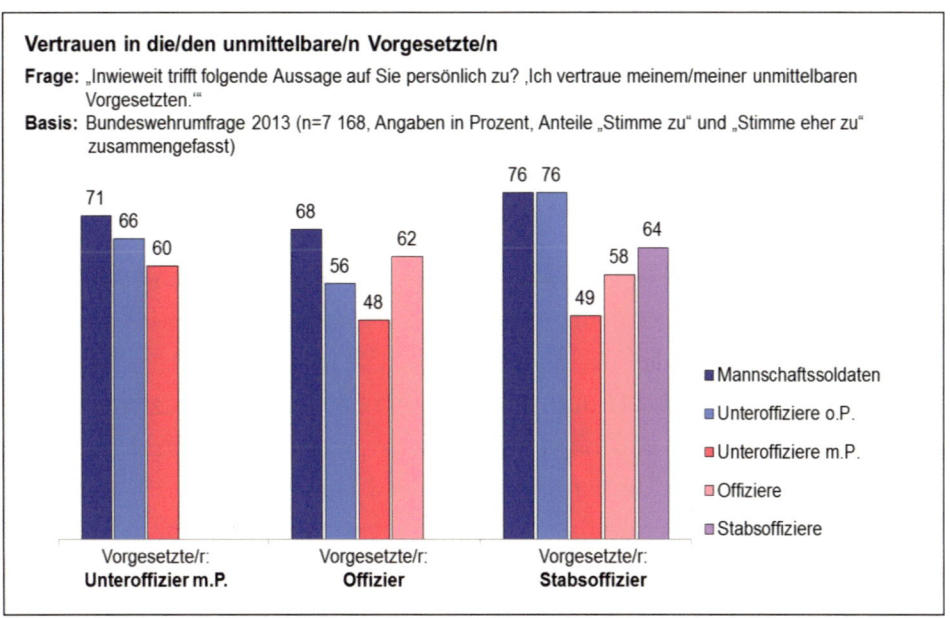

Empfehlungen für Vorgesetzte

Die insgesamt gute Beurteilung der unmittelbaren Vorgesetzten durch ihre Untergebenen sollte deutlich kommuniziert werden – in den bundeswehreigenen Medien, aber auch in Unterrichten und Ansprachen.

Die für erstrebenswert zu haltende Kommunikation über das Führungsverhalten von Vorgesetzten kann durch die vorgestellten Ergebnisse auf der Vorgesetztenebene intensiviert werden. Wenn Vorgesetzte mit diesen Ergebnissen konfrontiert werden, können sie dazu ermuntert und angeleitet werden, darüber nachzudenken, wie ihr Führungsverhalten von den Untergebenen wohl aufgenommen wird. Missverständnissen, die sich im Alltagsgeschäft einschleichen dürften, kann so gegengesteuert werden.

Die Möglichkeiten zur individuellen selbstkritischen Reflexion des eigenen Führungsverhaltens können durch Coaching gesteigert werden. Die Bundeswehr hält dafür Ressourcen am Zentrum Innere Führung (ZInFü) vor, möglicherweise müssen diese noch ausgeweitet und besser kommuniziert werden. So können Vorgesetzte gestärkt werden, sich individuell weiterzuentwickeln und an ihren Schwächen zu arbeiten.

Insbesondere auf der Ebene der Unteroffiziere m.P. sollte größeres Verständnis für die Handlungsmöglichkeiten der Vorgesetzten geweckt und systematisch entwickelt werden. Andererseits sollten Offizieranwärter und Offiziere – auch in der truppendienstlichen Ausbildung – dazu ermuntert werden, die Urteile der Unteroffiziere m.P. über ihr Vorgesetztenverhalten anzunehmen und zu bedenken. Es ist zu fragen, ob einige Probleme eher strukturellen als individuellen Ursprungs sind und ob andere Probleme aus unterschiedlichen biografischen Situationen resultieren können.

4 Handlungsfelder für politische Leitung und militärische Führung

Von besonderem Interesse für die politische Leitung und die militärische Führung der Bundeswehr sind Informationen, an welchen Punkten der Organisationskultur der Bundeswehr die Soldatinnen und Soldaten besonders hohe Erwartungen an Nachsteuerungen seitens des Dienstherrn und der militärischen Vorgesetzten haben. Zunächst wurde daher die grundsätzliche Relevanz einzelner Handlungsfelder beleuchtet und darauf folgend die persönliche Wichtigkeit überprüft.

4.1 Identifizierung relevanter Handlungsfelder

Als Handlungsfelder für die politische Leitung und die militärische Führung der Bundeswehr wurden Themenfelder identifiziert, die immer wieder in der bundeswehrinternen und öffentlichen Diskussion genannt werden:

- die Frage der *Familienfreundlichkeit des Dienstes* in der Bundeswehr,
- die Frage der *Planungssicherheit,*
- die Frage der Gerechtigkeit des *Beurteilungswesens,*
- die Frage nach der *Bürokratie,*
- die Frage der *Menschenführung* sowie
- der *Personalführung,*
- die Frage des *Informationsflusses* zwischen den verschiedenen Hierarchieebenen,
- die Frage nach dem *soldatischen Ethos,*
- die Fragen nach *Selbstentfaltung* und *Eigeninitiative* in einer von Befehl und Gehorsam geprägten Organisationskultur,
- die Frage der *Kommunikation* zwischen Untergebenen und Vorgesetzten,

- die Frage besserer *Anerkennung und größeren Respekts* für den Dienst in der Bundeswehr seitens der deutschen Öffentlichkeit,
- die Frage der individuellen *Verantwortlichkeit* für Entscheidungen,
- die Frage nach *rechtlichen Unsicherheiten* bei Auslandseinsätzen und
- die Frage nach der *sozialen Absicherung der Familie* im Unglücksfall.

Darüber hinaus konnte durch die Befragten ein weiteres Themenfeld mit besonderem Handlungsbedarf in einer offenen Nennung angegeben werden. Da diese Möglichkeit nahezu ungenutzt blieb, ist davon auszugehen, dass die vorgegebenen Antwortoptionen tatsächlich geeignet sind, den von größeren Gruppen der Soldatinnen und Soldaten identifizierten Handlungsbedarf adäquat zu erfassen. Abbildung 23 gibt die Einschätzungen der Soldatinnen und Soldaten hinsichtlich des Handlungsbedarfs für die genannten Themen wieder.

Die Auswertung der vorgegebenen Antwortoptionen in der gewichteten Stichprobe ergibt, dass in vielen Feldern „sehr großer" oder „eher großer" Handlungsbedarf gesehen wird. Die differenziertere Analyse zeigt, dass insbesondere das Handlungsfeld Planungssicherheit mit der Notwendigkeit von Verbesserungen verbunden wird. Planungssicherheit wurde mit dem Zusatz: „keine falschen Versprechungen oder Befehle, die kurzfristig modifiziert werden" abgefragt, umfasst also sowohl die Verlässlichkeit von Befehlen und Vorgaben sowie den Anspruch auf realistische Informationen seitens des Dienstherrn im Allgemeinen bzw. der/des unmittelbaren Vorgesetzten im Besonderen. Familienfreundlichkeit, soziale Absicherung der Familie, Beseitigung rechtlicher Unsicherheiten bei Auslandseinsätzen sowie eine höhere Anerkennung des Dienstes in der Bevölkerung sind weitere Aspekte, für die mehr als jeder zweite Befragte sehr großen Handlungsbedarf sieht. Die Forderung einer besseren rechtlichen Absicherung im Auslandseinsatz spiegelt das Bedürfnis nach individueller Sicherheit ebenso wider wie der Wunsch nach Verbesserung der Absicherung der Familie, im Fall, dass dem Uniformträger etwas passiert. Es ist verständlich, dass jedem einzelnen Soldaten bzw. jeder einzelnen Soldatin die Selbstsorge besonders am Herzen liegt und dieser Bereich mithin am wichtigsten ist. Die herausgehobene Bedeutung der Anerkennung des eigenen Berufs durch die Bevölkerung wurzelt in dem Wunsch nach Selbstachtung und kann daher ebenso als Motiv der Selbstsorge betrachtet werden.

Abb. 23:   Identifizierter Handlungsbedarf nach Handlungsfeldern, Streitkräfte insgesamt

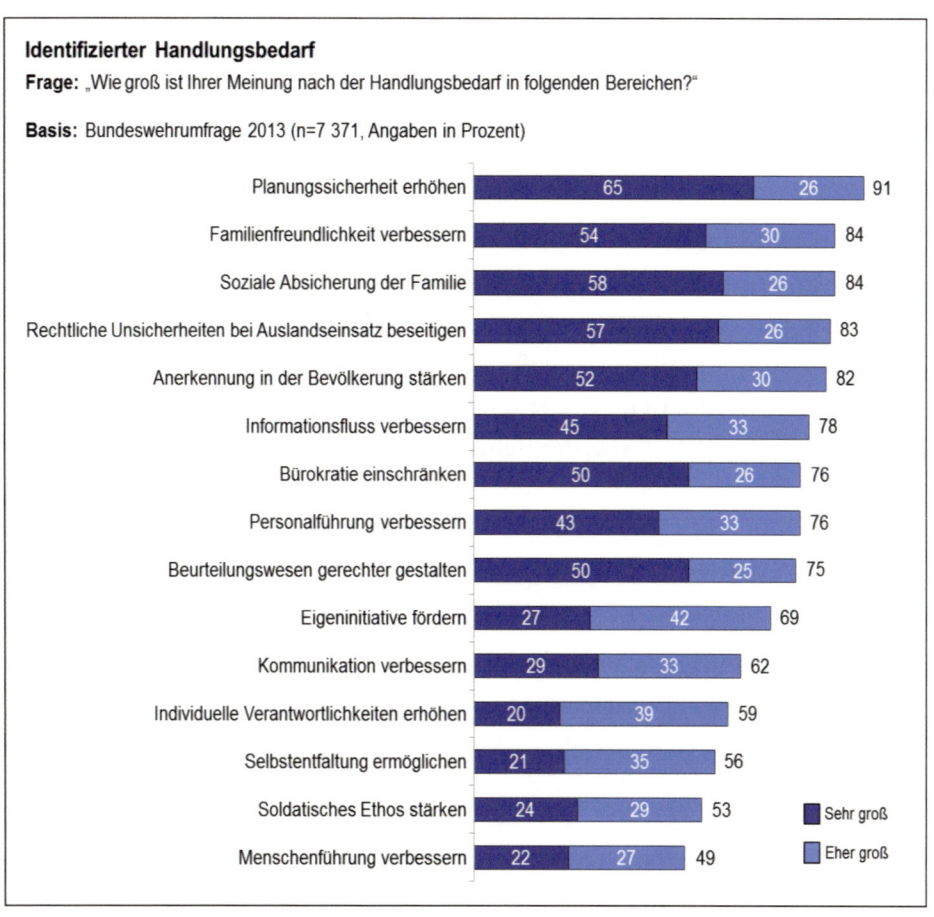

Unübersehbar ist der Wunsch nach Veränderungen innerhalb der Streitkräfte. Handlungsbedarf wird seitens der Befragten insbesondere in den Handlungsfeldern
-    Planungssicherheit,
-    Familienfreundlichkeit,
-    soziale Absicherung der Familie,
-    Beseitigung rechtlicher Unsicherheiten bei Auslandseinsätzen und
-    Stärkung der Anerkennung in der Bevölkerung
artikuliert.

Den geringsten Handlungsbedarf sehen Soldatinnen und Soldaten hinsichtlich der Notwendigkeit, die Menschenführung zu verbessern. Das verwundert, weil an anderen Stellen der Befragung gerade das Verhältnis von Vorgesetzten und Untergebenen problematisiert wurde. Möglicherweise erklärt sich diese Diskrepanz aus der Tatsache, dass konkrete Vorschläge zur Verbesserung der Menschenführung gegenwärtig nicht auf dem Tisch liegen. Bemerkenswert ist auch, dass die Stärkung des soldatischen Ethos beim Gros der Soldatinnen und Soldaten ebenso wenig Relevanz besitzt, wie die Ermöglichung größerer Selbstentfaltung.

4.2   Persönliche Wichtigkeit der Handlungsfelder

Während zuvor allgemein nach der Bedeutung einzelner Handlungsfelder gefragt wurde, erfolgt jetzt die Zuspitzung auf die persönliche Einschätzung der Wichtigkeit der genannten Handlungsfelder. Einen differenzierteren Einblick in die soldatischen Wünsche eröffnet die Abbildung 24. Rot gekennzeichnet sind diejenigen Handlungsfelder, die für den mit Abstand größten Anteil der Befragten persönlich relevant sind. Die Fragestellung lautete: „Welche der genannten Aufgaben sind Ihnen persönlich besonders wichtig?" Während Handlungsbedarf im Allgemeinen bei dem Großteil der

Felder gesehen wurde, werden jetzt im Besonderen zwei Handlungsfelder als für jede/n Befragte/n persönlich besonders wichtig benannt: Planungssicherheit und Familienfreundlichkeit. Mehr als die Hälfte der Soldatinnen und Soldaten zählt diese beiden zu den drei wichtigsten Handlungsfeldern für Verbesserungen durch die politische Leitung und die militärische Führung. Mit weitem Abstand folgt darauf ein weiteres Handlungsfeld, bei dem ebenfalls das eigene Leben und das der Angehörigen betroffen ist: die soziale Absicherung der Familie.

Abb. 24: Persönliche Wichtigkeit der Handlungsfelder, Streitkräfte insgesamt

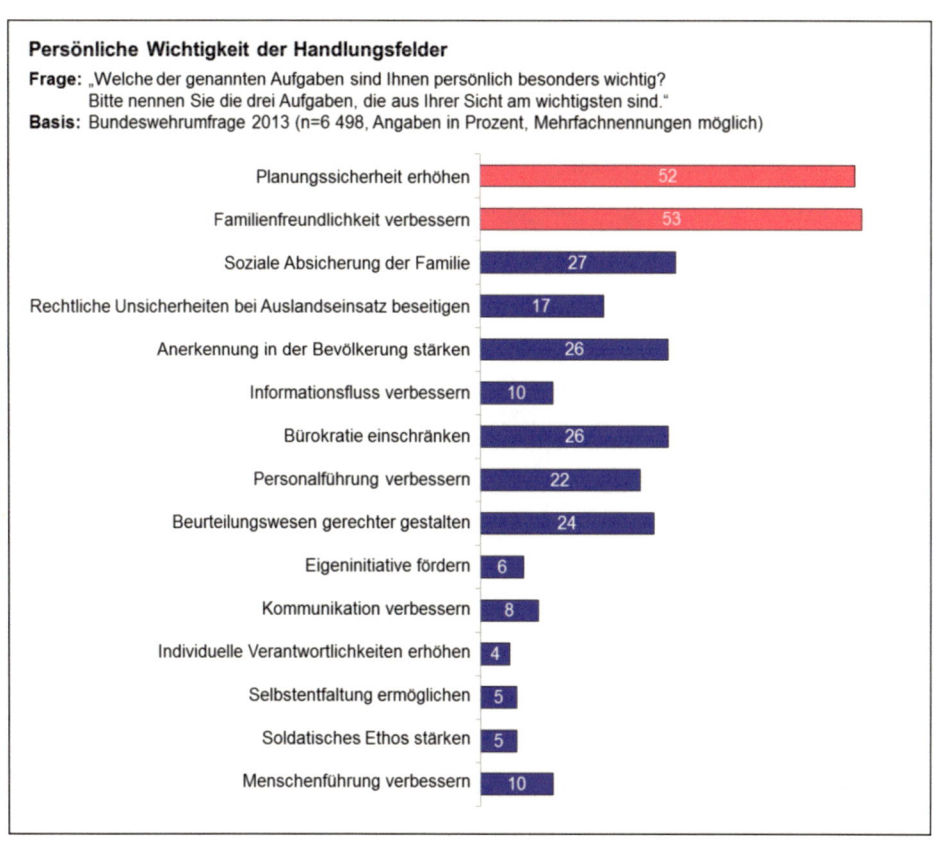

Die beiden als zentral zu bezeichnenden Handlungsfelder Planungssicherheit und Familienfreundlichkeit stehen in direktem Zusammenhang miteinander, weil Familienleben nur dann gelingen kann, wenn der Soldat bzw. die Soldatin die Laufbahn bei der Bundeswehr mit den nötigen Versetzungen und Auslandseinsätzen sowie den Beginn und das Ende des täglichen Dienstes einigermaßen verlässlich planen kann. Als familienfreundlicher Dienstherr wird deshalb nur ein solcher gelten können, der seinen Mitarbeiterinnen und Mitarbeitern ein hohes Maß an Planungssicherheit bietet. Planungssicherheit und Familienfreundlichkeit sind damit unübersehbar zum Gradmesser der Attraktivität des Arbeitgebers Bundeswehr geworden.

Als weitere, persönlich relevante Handlungsfelder werden von jeweils 26 Prozent der Befragten die Stärkung der Anerkennung durch die Bevölkerung und die Einschränkung von Bürokratie, von 24 Prozent die gerechtere Gestaltung des Beurteilungswesens sowie von 22 Prozent die Verbesserung der Personalführung genannt. Alle anderen Items werden von weniger als einem Fünftel der Befragten für „[mir] persönlich besonders wichtig" beurteilt.

> Mehr als die Hälfte der Soldatinnen und Soldaten aller Dienstgradgruppen gibt an, dass für sie persönlich die
> - Erhöhung der Planungssicherheit und die
> - Verbesserung der Familienfreundlichkeit
> besonders wichtig sind. Sie nennen Planungssicherheit und Familienfreundlichkeit unter den drei „aus ihrer Sicht" wichtigsten Aufgaben für die politische Leitung und die militärische Führung.

Nicht alle Angehörigen der Streitkräfte werden durch die Komplexität ihrer Aufgaben wie Verantwortung im Dienst, Auslandseinsätze, Versetzungen und Ähnliches gleich stark belastet. Es ist anzunehmen, dass sich bei Betrachtung über verschiedene Dienstgrad- und Altersgruppen sowie Geschlechter hinweg Unterschiede in der persönlichen Wahrnehmung der Wichtigkeit von Handlungsfeldern ergeben.

Abb. 25: **Persönliche Wichtigkeit der Handlungsfelder, nach Dienstgradgruppe**

Handlungsfelder	Mannschaften	Unteroffiziere o.P.	Unteroffiziere m.P.	Offiziere	Stabsoffiziere	ø
Planungssicherheit erhöhen (keine falschen Versprechungen oder Befehle, die kurzfristig modifiziert werden).	**37**	**53**	**55**	**58**	**55**	52
Familienfreundlichkeit des Dienstes in der Bundeswehr verbessern.	**39**	**54**	**57**	**59**	**49**	53
Soziale Absicherung für mich und meine Familie verbessern, wenn mir etwas passiert.	32	**30**	29	19	16	27
Rechtliche Unsicherheiten bei Auslandseinsätzen beseitigen.	21	16	17	15	12	17
Anerkennung und Respekt für den Dienst in der Bundeswehr durch die Mitbürger fördern.	**37**	28	24	24	21	26

Informationsfluss zwischen den Hierarchieebenen in der Bundeswehr verbessern.	11	13	8	7	13	10
Bürokratie einschränken.	27	24	23	27	35	26
Personalführung verbessern.	18	14	19	**34**	**37**	22
Das **Beurteilungswesen** gerechter gestalten.	10	15	**34**	23	19	24
Eigeninitiative fördern.	10	7	4	3	5	6
Kommunikation zwischen Vorgesetzten und Untergebenen fördern.	14	12	6	4	3	8
Individuelle **Verantwortlichkeiten** für Entscheidungen erhöhen.	6	3	3	6	11	4
Mehr **Selbstentfaltung** im Beruf ermöglichen.	10	8	4	2	3	5
Soldatisches Ethos stärken.	7	3	4	6	5	5
Menschenführung verbessern.	15	12	7	7	8	10
Fallzahl	1 101	1 213	2 682	917	534	

Angaben in Prozent; jeweils drei Nennungen möglich.

Durch Fettdruck in der vorhergehenden Tabelle hervorgehoben wurden einerseits die Themenfelder, in denen die Befragten Handlungsbedarf anmelden konnten, andererseits diejenigen Prozentangaben, die erkennen lassen, dass die Angehörigen der jeweiligen Dienstgradgruppe in großer Zahl für Verbesserungen in dem jeweiligen Handlungsfeld votierten. Erhöhung der Planungssicherheit und Verbesserung der Familienfreundlichkeit erscheinen Mannschaften weniger dringlich als Unteroffizieren und Offizieren. Das erklärt sich aus der Perspektive der Angehörigen der Mannschaftslaufbahn, nach einer überschaubaren Dienstzeit aus der Bundeswehr wieder auszuscheiden. Zudem ist das Durchschnittsalter der Mannschaften niedriger als das in anderen Dienstgradgruppen, sodass Familienfreundlichkeit ein in der individuellen Lebensplanung (noch) nicht so präsentes Thema darstellt. Wenn langfristige Bindungen mit dem Dienstherrn eingegangen werden sollen, dann gewinnen beide Themen auch für die Mannschaftsdienstgrade an Bedeutung.

Zwischen Mannschaften und Offizieren besteht ein weiterer Unterschied hinsichtlich dessen, was für „persönlich besonders wichtig" erachtet wird: Die Förderung von Anerkennung und Respekt durch die Mitbürger halten insbesondere die Mannschaften für wichtig. Dienstgradabhängig ist auch die Forderung nach Verbesserung der Personalführung – das ist in erster Linie ein Thema der Offiziere und Stabsoffiziere. Dagegen halten die Unteroffiziere m.P. das Beurteilungswesen für dasjenige Problem, bei dem sie persönlich einen großen Handlungsbedarf identifizieren.

Betrachtet man die Antworten auf die Frage: „Welche der genannten Aufgaben ist Ihnen persönlich besonders wichtig?" nach Altersgruppen, dann bestätigt sich das obige Ergebnis aus einer anderen Perspektive: Für die Jüngeren – die zum großen Teil noch nicht in der Familienphase stehen – ist Familienfreundlichkeit des Dienstes nicht in dem Maße relevant wie für die Soldatinnen und Soldaten im generativen Alter. Ab Mitte Vierzig liegt den Soldatinnen und Soldaten das Thema Bürokratieabbau mehr am Herzen.

Abb. 26: Persönliche Wichtigkeit der Handlungsfelder, nach Altersgruppe

Handlungsfelder	17 bis 25 Jahre	26 bis 35 Jahre	36 bis 45 Jahre	ab 45 Jahre	ø
Planungssicherheit erhöhen (keine falschen Versprechungen oder Befehle, die kurzfristig modifiziert werden).	**46**	**52**	**57**	**54**	52
Familienfreundlichkeit des Dienstes in der Bundeswehr verbessern.	**47**	**59**	**58**	**39**	53
Soziale Absicherung für mich und meine Familie verbessern, wenn mir etwas passiert.	29	26	28	28	27
Rechtliche Unsicherheiten bei Auslandseinsätzen beseitigen.	19	16	15	18	17
Anerkennung und Respekt für den Dienst in der Bundeswehr durch die Mitbürger fördern.	**35**	25	21	22	26
Informationsfluss zwischen den Hierarchieebenen in der Bundeswehr verbessern.	12	9	8	12	10

Bürokratie einschränken.	24	24	26	**32**	26
Personalführung verbessern.	16	20	26	29	22
Das **Beurteilungswesen** gerechter gestalten.	13	**27**	**28**	24	24
Eigeninitiative fördern.	8	5	3	4	6
Kommunikation zwischen Vorgesetzten und Untergebenen fördern.	12	7	5	7	8
Individuelle **Verantwortlichkeiten** für Entscheidungen erhöhen.	4	4	4	8	4
Mehr **Selbstentfaltung** im Beruf ermöglichen.	10	5	2	2	5
Soldatisches Ethos stärken.	6	5	5	4	5
Menschenführung verbessern.	12	8	8	11	10
Fallzahl	1 497	3 112	961	911	

Angaben in Prozent; jeweils drei Nennungen möglich.

> Planungssicherheit ist – außer bei Angehörigen der Mannschaftslaufbahn – in allen Dienstgradgruppen eines der beiden zentralen Handlungsfelder. Insbesondere für die Soldatinnen und Soldaten in der generativen Lebensphase ist Familienfreundlichkeit von hoher Wichtigkeit.

Mit weitem Abstand folgen die übrigen Handlungsfelder, die nur von einem geringen Teil der Soldatinnen und Soldaten ebenfalls als „[mir] persönlich besonders wichtig" erachtet werden. Unter den drei herausgehobenen Nennungen taucht allein in der Gruppe der unter 25-jährigen Soldatinnen und Soldaten bei etwa einem Drittel die Forderung auf, „Anerkennung und Respekt für den Dienst in der Bundeswehr durch die Mitbürger [zu] fördern".

4.3 Familie und Dienst

Als besonders dringlich wurden von den Soldatinnen und Soldaten aller Dienstgrad- und Altersgruppen die Verbesserung der Familienfreundlichkeit und die Planungssicherheit identifiziert. Schon seit gut einem halben Jahrzehnt hat die Bundeswehr wahrgenommen, dass in Bezug auf die Familienfreundlichkeit des Dienstes Handlungsbedarf besteht. Sie hat die Konzeption der Inneren Führung deshalb hinsichtlich dieses Themas dynamisch weiterentwickelt, indem sie ein neues „Gestaltungsfeld" der Inneren Führung der Sorge der Vorgesetzten anbefohlen hat: das Gestaltungsfeld Familie und Dienst (ZDv 10/1, 664. – 669.). Mit diesem neuen Gestaltungsfeld werden die Vorgaben des Grundgesetzes bezüglich des Schutzes von Ehe und Familie für die Bundeswehr umgesetzt, und der gesamtgesellschaftlichen Entwicklung wurde Rechnung getragen. Dringlich wurde diese Anpassung der ZDv 10/1 Innere Führung (2008) an die allgemeine gesellschaftliche Entwicklung, weil auch in den Familien von Soldatinnen und Soldaten ältere Ehe- und Rollenmodelle längst ausgedient haben. Die Vielzahl der Wochenendheimfahrer in der Truppe verdeutlicht dies: Soldatenfamilien ziehen nicht mehr um, wenn der Dienstherr den Wechsel des Dienstortes befiehlt. Das führt zu der immensen Zahl von Wochenendpendlern bei den Angehörigen der Streitkräfte, die viel größer ist als die Zahl der Wochenendpendler bspw. bei den zivilen Mitarbeiterinnen und Mitarbeitern.

Die enorme Bedeutung dieser Zielsetzung verdeutlicht Abbildung 27. Zwei Drittel der Soldatinnen in den Altersgruppen bis 35 Jahren sehen in der Familienfreundlichkeit eines der für sie persönlich wichtigsten Handlungsfelder für die Bundeswehr. Nur etwas weniger dringlich ist dieser Wunsch bei den Soldaten zwischen 17 und 45 Jahren. Etwa jeder Zweite sieht hier die Familienfreundlichkeit als zentrales Handlungsfeld an.

Abb. 27: **Persönliche Wichtigkeit der Familienfreundlichkeit, nach Altersgruppe**

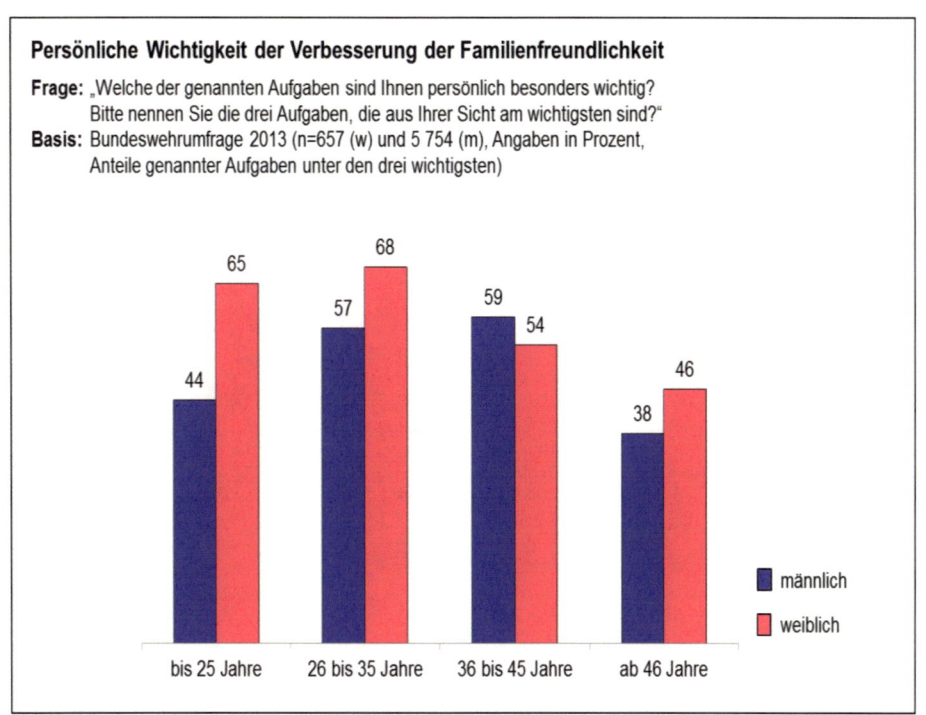

Persönliche Wichtigkeit der Verbesserung der Familienfreundlichkeit

Frage: „Welche der genannten Aufgaben sind Ihnen persönlich besonders wichtig? Bitte nennen Sie die drei Aufgaben, die aus Ihrer Sicht am wichtigsten sind?"
Basis: Bundeswehrumfrage 2013 (n=657 (w) und 5 754 (m), Angaben in Prozent, Anteile genannter Aufgaben unter den drei wichtigsten)

Planungssicherheit ist für über zwei Drittel der weiblichen Offiziere von besonderer Bedeutung. Sie sehen hier deutlichen Handlungsbedarf für die politische Leitung und die militärische Führung. Bei den übrigen Dienstgradgruppen bestehen weniger gravierende Unterschiede zwischen Angehörigen beider Geschlechter. Deutlich erkennbar ist, dass der Wunsch nach Verbesserungen unter den Angehörigen derjenigen Dienstgradgruppe besonders hoch ist, die sich für einen großen Teil ihrer generativen Lebensphase oder für ihr ganzes Berufsleben an die Bundeswehr gebunden haben. Diese brauchen die Sicherheit, dass ihnen – wie es in dem entsprechenden Item heißt – „keine falschen Versprechungen" gegeben oder „Befehle, die kurzfristig modifiziert werden" erteilt werden.

Abb. 28: **Persönliche Wichtigkeit der Planungssicherheit, nach Dienstgradgruppe**

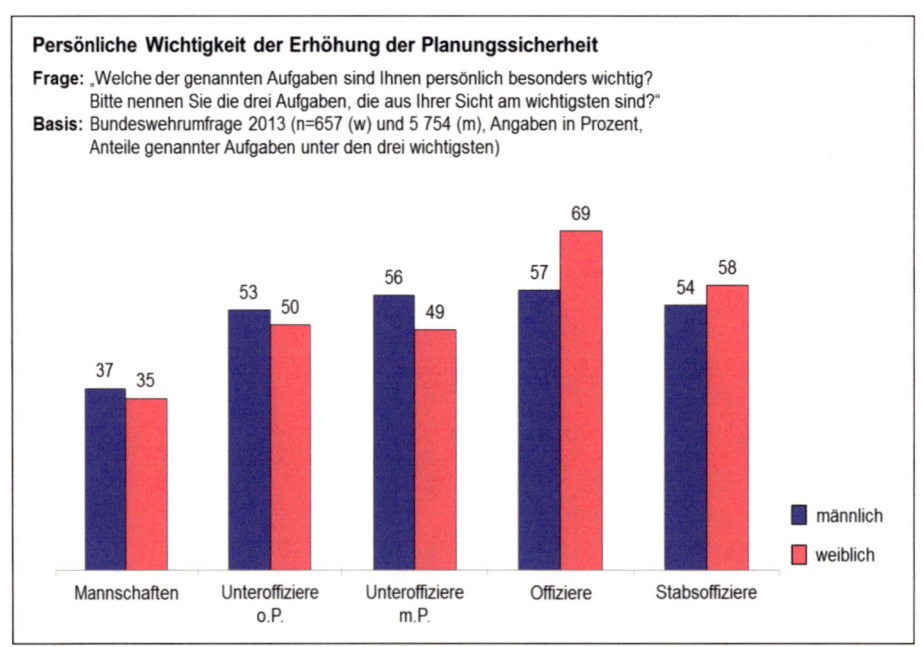

> Familienfreundlichkeit und Planungssicherheit sind für die Männer und Frauen in der Bundeswehr von überragender Wichtigkeit. Beide Geschlechter sehen persönlich gerade in diesen beiden Bereichen besonderen Handlungsbedarf.

Empfehlung

Die politische Leitung und die militärische Führung haben in den letzten Wochen dem Willen der Bundesministerin der Verteidigung, Dr. Ursula von der Leyen, entsprechend die Attraktivität des Dienstes in der Bundeswehr verknüpft mit den Fragen von Familienfreundlichkeit sowie Planungssicherheit. Diese Entscheidung war offenbar richtig. An ihr sollte im Interesse der Soldatinnen und Soldaten festgehalten werden, denn gerade in diesen, von den Soldatinnen und Soldaten als für sie „persönlich besonders wichtig" erachteten Handlungsfeldern, erwarten die Befragten Verbesserungen.

5 Zusammenfassung und Empfehlungen

Die Innere Führung, wie sie in der ZDv 10/1 Innere Führung (2008) verbindlich festgeschrieben wird, ist ein „Pfund", mit dem die Bundeswehr in ihrer internen und in der öffentlichen Kommunikation wuchern sollte. Sie ist überwiegend positiv besetzt, in vielen Punkten im Vorgesetztenverhalten erfahrbar und als Leitvorstellung breit internalisiert.

Über die Hälfte der Soldatinnen und Soldaten gibt an, die Vorschrift ZDv 10/1 Innere Führung (2008) zu kennen oder sich gar intensiv mit dieser Vorschrift beschäftigt zu haben. Trotzdem lässt sich Bedarf an weiterer Informationen über diese ZDv 10/1 feststellen, und zwar in allen Militärischen Organisationsbereichen der Bundeswehr. Die Intensivierung der Kommunikation über das Thema, etwa durch Zeitschriftenartikel, durch Unterrichte der Disziplinarvorgesetzten etc. ist zu empfehlen.

Bezeichnenderweise wird die Innere Führung entsprechend der jeweiligen Dienstgradgruppe in der Bundeswehr verstanden und gelebt: Mannschaftsdienstgrade betonen gute persönliche Beziehungen zu Kameraden und Vorgesetzten, die Stabsoffiziere begreifen die Innere Führung stärker politisch. Es besteht die Gefahr, dass diese dienstgradgruppenspezifische Adaption der Inneren Führung zu einer Aufspaltung in einen Normen setzenden Codex für Menschenführung einerseits und eine Theorie für politisch reflektierte „Staatsbürger in Uniform" andererseits führt. Die Vorgesetzten sollten mit ihren Untergebenen zur Diskussion der Frage nach der tragenden Mitte der Inneren Führung ermuntert werden.

Da der Kenntnisstand zur ZDv 10/1 Innere Führung (2008) über die Dienstgradgruppen hinweg stark variiert, sind Verbesserungen in der Vermittlung der Inneren Führung insbesondere bei Mannschaften und Unteroffizieren o.P. anzustreben. Wenn diese Dienstgradgruppen wenig oder keine Kenntnis der Vorschrift – und damit möglicherweise auch des „Geistes", den die Innere Führung in der Truppe verwirklichen will – haben, ist das ein Indiz für Nachsteuerungsbedarf. Auch Zeitsoldaten sollten stärker an das Thema Innere Führung herangeführt werden.

Die persönliche Einstellung der meisten Soldatinnen und Soldaten der Inneren Führung gegenüber ist positiv und erweist sich als sehr stark abhängig von der jeweiligen Dienstgradgruppe. Die Stabsoffiziere beispielsweise zeigen eine sehr positive Einstellung der Inneren Führung gegenüber. Im Bundesministerium der Verteidigung und bei Kommandobehörden und Ämtern sind folglich drei Viertel der Soldatinnen und Soldaten der Inneren Führung gegenüber sehr positiv eingestellt.

Die Erfahrung von Auslandseinsätzen hat keine negativen Auswirkungen auf die persönliche Einstellung zur Inneren Führung. Dieses Ergebnis ist deshalb bemerkenswert, weil zuletzt mehrfach behauptet wurde, die Innere Führung (wie sie in der ZDv 10/1 von 2008 festgeschrieben ist) tauge nicht für Einsätze im Ausland, speziell nicht für Kampfeinsätze, weil sie zu wenig auf das Themenfeld „Gefecht, Kampf, Tod, Sieg und Niederlage" abhebe. Die Ergebnisse dieser Befragung der Streitkräfte lassen nicht erkennen, dass die Soldatinnen und Soldaten in dieser Hinsicht Nachsteuerungsbedarf sähen.

Mit dem Führungsstil ihrer unmittelbaren Vorgesetzten ist mehr als die Hälfte der Untergebenen zufrieden. Besonders hoch ist der Anteil Unzufriedener bei den Unteroffizieren m.P., wenn ein Offizier ihr unmittelbarer Vorgesetzter ist.

Die fachliche Kompetenz ihrer Vorgesetzten beurteilen viele Soldatinnen und Soldaten als gut. Die Einzelmerkmale des Vorgesetztenverhaltens werden teils als gut, teils als weniger gut beurteilt. Zentrale Beurteilungskriterien für das Vorgesetztenverhalten sind bei den Untergebenen Vorbildhaftigkeit, fachliche Kompetenz, die Vermittlung von Handlungssicherheit, Partnerschaftlichkeit, Gemeinschaftlichkeit beim Durchstehen schwieriger Situationen und Selbstkritik. Wer als Vorgesetzter hier gut beurteilt wird, kann zufriedene und motivierte Soldatinnen und Soldaten führen.

Mehr als die Hälfte aller Soldatinnen und Soldaten vertraut ihrem unmittelbaren Vorgesetzten. Etwas mehr als jeder fünfte Untergebene vertraut seinem Vorgesetzten bzw. seiner Vorgesetzten jedoch „eher nicht" oder „nicht". Am wenigsten Vertrauen in ihre unmittelbaren Vorgesetzten lassen die Unteroffiziere m.P. erkennen.

Zwar bescheinigen die befragten Soldatinnen und Soldaten ihren unmittelbaren Vorgesetzten, dass diese sich um das Gestaltungsfeld „Vereinbarkeit von Familie und Dienst" kümmern – die Kompetenz der unmittelbaren Vorgesetzten wird hinsichtlich dieses Gestaltungsfeldes der Inneren Führung als „gut" bewertet –, da aber „Vereinbarkeit von Familie und Dienst" nicht ein einziges Mal in den offenen Nennungen zur Inneren Führung assoziiert wurde, scheint das Thema in der Truppe noch nicht so bekannt zu sein, wie es das sein sollte, oder es wurde nicht mit Innerer Führung in Verbindung gebracht. Das erstmals 2008 in eine ZDv aufgenommene „Gestaltungsfeld" der Inneren Führung „Vereinbarkeit von Familie und Dienst" sollte stärker in der soldatischen Öffentlichkeit und darüber hinaus kommuniziert werden. Bekanntlich ist es ein häufig geäußerter Einwand gegen die Bundeswehr, dass es dort familienunfreundlich zugehe. Tatsächlich hat die Bundeswehr vergleichsweise früh ein Problembewusstsein hinsichtlich des Themas „Vereinbarkeit von Familie und Dienst" erkennen lassen und Weichen für die Zukunft gestellt.

Die von der ZDv 10/1 Innere Führung (2008) vorgegebenen Leitsätze für das Verhalten von Vorgesetzten sind klar umrissen. Wer sie abfragt und die Untergebenen ihre unmittelbaren Vorgesetzten beurteilen lässt, erkennt, dass große Probleme bei der Fähigkeit der Vorgesetzten zur Problem- und Konfliktkommunikation (Tod und Verwundung, interkulturelle Kompetenz, Vermittlung des Sinns von Aufgaben, Lob und Tadel, Selbstkritik) sowie bei ihrer Fähigkeit oder Bereitschaft, partnerschaftlich bzw. gemeinsam mit den Untergebenen zu handeln, bestehen.

Daraus ist zu folgern: Wer möchte, dass die Untergebenen zufrieden bei ihrer Aufgabenerfüllung sind, der sollte die Vorgesetzten stärken. Sie müssen hohe persönliche und emotionale Belastungen vor allem im Bereich konflikttransformierender Kommunikation aushalten und große Fähigkeit sowohl zu vorbildlichem als auch zu gemeinschaftlichem Handeln zeigen.

Als wichtigste Aufgabe für die politische Leitung und die militärische Führung der Bundeswehr sind die unter die Stichworte „Familienfreundlichkeit des Dienstes" und „Planungssicherheit" zu subsumierenden Handlungsfelder zu identifizieren. Sie sollten energisch weiter verfolgt werden, denn sie haben maßgeblichen Einfluss auf die Attraktivität der Bundeswehr als Arbeitgeber.

Vorgesetzten werden mit dieser ersten empirischen Untersuchung zur Inneren Führung Hinweise gegeben, in welchem Sinne die Umsetzung der Inneren Führung in der Truppe faktisch erfolgt und wie diese Umsetzung von den Untergebenen beurteilt wird.

Die politische Leitung und die militärische Führung der Bundeswehr können auf der Grundlage dieser Befragung erstmals die Umsetzung der Leitvorschrift und der in der ZDv 10/1 Innere Führung (2008) formulierten „Merksätze" im Dienstbetrieb der Streitkräfte „messen" und auf diese Weise Hinweise für die weitere Ausgestaltung der Inneren Führung gewinnen.

Insbesondere dem neuen „Gestaltungsfeld" der Inneren Führung – „Familie und Dienst" –, das in der ZDv 10/1 Innere Führung (2008) erstmals identifiziert wurde, sollte die gebotene Aufmerksamkeit zukommen. Denn gerade dieses „Gestaltungsfeld" ist für die Untergebenen von besonderer Bedeutung. Hier entscheidet sich deren Urteil über den Arbeitgeber und dessen Attraktivität für eine längerfristige berufliche Bindung. In enger Verbindung damit stehen die „Gestaltungsfelder" Dienstgestaltung und Ausbildung, Informationsarbeit sowie Organisation und Personalführung, die mit dem Stichwort „Planungssicherheit (keine falschen Versprechungen oder Befehle, die kurzfristig modifiziert werden)" verbunden werden können.

Es ist zu wünschen, dass die Ergebnisse dieser ersten empirisch gestützten Untersuchung zu Fragen der Inneren Führung Gegenstand entsprechender Unterrichte und Diskussionen innerhalb der Bundeswehr und darüber hinaus werden. Die jüngsten Maßnahmen der politischen Leitung der Bundeswehr erfahren hier eine Bestätigung, die es nahelegt, die vorhandenen Ansätze zur Erhöhung der Planungssicherheit und Verbesserung der Familienfreundlichkeit des Dienstes in der Bundeswehr weiterzuverfolgen.

6 Anhang

6.1 Fragebogen: Auszug aus der Bundeswehrumfrage 2013 – Ausgewählte Fragen zur Inneren Führung

Q10. Haben Sie vor dieser Befragung schon einmal von der Zentralen Dienstvorschrift ZDv 10/1 Innere Führung (2008) gehört oder gelesen? Und was wissen Sie darüber?

1: Habe mich intensiv damit beschäftigt und kenne alle wesentlichen Fakten und Zusammenhänge.

2: Habe davon gehört bzw. gelesen und kenne einige Fakten und Zusammenhänge.

3: Habe davon gehört bzw. gelesen, weiß aber nichts Konkretes.

4: Habe vorher noch nie davon gehört bzw. gelesen und kann mir auch nichts darunter vorstellen.

☐ **FILTER: WENN Q10=4 ☐ weiter mit Frage Q15**

Q11. Wenn Sie Innere Führung mit Stichworten beschreiben sollten, welche wären es?

(Max. drei Nennungen)

1: NENNUNG 1: Offene Nennung

2: NENNUNG 2: Offene Nennung

3: NENNUNG 3: Offene Nennung

Q12. Wie ist alles in allem Ihre persönliche Einstellung zur Inneren Führung?

1: Positiv

2: Eher positiv

3: Teils/teils

4: Eher negativ

5: Negativ

Q13. Was meinen Sie? Welche Einstellung hat Ihr unmittelbarer Vorgesetzter bzw. Ihre unmittelbare Vorgesetzte zur Inneren Führung?

1: Positiv

2: Eher positiv

3: Teils/teils

4: Eher negativ

5: Negativ

Q14. Was meinen Sie? Welche Einstellung vertritt die Mehrheit der Soldaten und Soldatinnen in Ihrer Einheit/Dienststelle zur Inneren Führung?

1: Positiv

2: Eher positiv

3: Teils/teils

4: Eher negativ

5: Negativ

Q15. Zu welcher Dienstgradgruppe gehört Ihr unmittelbarer Vorgesetzter bzw. Ihre unmittelbare Vorgesetzte, mit dem/der Sie zurzeit im Dienstalltag am häufigsten Kontakt haben?

1: Mannschaften (bis Oberstabsgefreiter)

2: Unteroffiziere ohne Portepee (Unteroffiziere bis Stabsunteroffiziere bzw. Maat bis Obermaat)

3: Unteroffiziere mit Portepee (Feldwebel bis Oberstabsfeldwebel bzw. Bootsmann bis Oberstabsbootsmann)

4: Leutnante (Leutnant und Oberleutnant bzw. Leutnant zur See und Oberleutnant zur See)

5: Hauptleute (Hauptmann und Stabshauptmann bzw. Kapitänleutnant und Stabskapitänleutnant)

6: Stabsoffiziere (Major bis Oberst bzw. Korvettenkapitän bis Kapitän zur See)

7: Generale/Admirale

Q16. Seit wann ist diese Person Ihr unmittelbarer Vorgesetzter bzw. Ihre unmittelbare Vorgesetzte?

1: Seit bis zu drei Monaten

2: Seit drei bis unter sechs Monaten

3: Seit sechs bis unter zwölf Monaten

4: Seit zwölf Monaten und länger

Q17. Treffen die folgenden Aussagen über das Verhalten Ihres unmittelbaren Vorgesetzten bzw. Ihrer unmittelbaren Vorgesetzten zu?

a) Mein/e unmittelbare/r Vorgesetzte/r nimmt sich Zeit für mich und kennt mich gut.

b) Schwierige Situationen durchsteht er/sie gemeinsam mit seinen/ihren Untergebenen.

c) Für seine/ihre Soldaten geht er/sie immer mit gutem Vorbild voran.

d) Das Fordern und Fördern von interkultureller Kompetenz liegt meinem/meiner unmittelbaren Vorgesetzten persönlich am Herzen.

e) Tadel und vor allem Lob sind für ihn/sie elementare Führungselemente.

f) Er/sie ist in der Lage, sich auch selbst kritisch einzuschätzen.

g) Es fällt meinem/meiner unmittelbaren Vorgesetzten leicht, auch den politischen Sinn einer Aufgabe zu vermitteln.

h) Gleichberechtigung der Geschlechter ist ein unverzichtbares Element seiner/ihrer Führung.

i) Er/sie gibt mir in jeder Lage Handlungssicherheit.

j) Mein/e unmittelbare/r Vorgesetzte/r redet offen mit seinen/ihren Untergebenen über Ängste oder besondere Erlebnisse, auch über Tod und Verwundung.

k) Er/sie berücksichtigt die Bedürfnisse, die ich im Zusammenhang mit meinem Familienleben habe.

l) Er/sie bezieht seine/ihre Untergebenen regelmäßig in die Dienstgestaltung ein.

m) Mein/e unmittelbare/r Vorgesetzte/r ist als Autorität anerkannt.

n) Er/sie vertraut den Fähigkeiten seiner/ihrer Untergebenen.

o) Er/sie ist fachlich kompetent.

p) Mein/e unmittelbare/r Vorgesetzte/r ist in seinem/ihrem Handeln unbürokratisch.

q) Ich vertraue meinem/meiner unmittelbaren Vorgesetzten.

r) Mein/e unmittelbare/r Vorgesetzte/r führt partnerschaftlich.

1: Trifft zu

2: Trifft eher zu

3: Teils/teils

4: Trifft eher nicht zu

5: Trifft nicht zu

Q18. Wie zufrieden sind Sie, alles in allem, mit dem Führungsstil Ihres unmittelbaren Vorgesetzten bzw. Ihrer unmittelbaren Vorgesetzten?

1: Sehr zufrieden

2: Eher zufrieden

3: Teils/teils

4: Eher unzufrieden

5: Sehr unzufrieden

Q19. Stimmen Sie den folgenden Aussagen zu oder lehnen Sie diese ab?

a) Das gleichberechtigte Nebeneinander verschiedener Meinungen zeichnet eine demokratische Gesellschaft aus.

b) Soldaten/Soldatinnen sind anders als Zivilisten.

c) Befehl und Gehorsam kennzeichnen den Soldatenberuf.

d) Kameraden/Kameradinnen sollten einer Meinung sein.

e) Als Soldat/Soldatin ist man eine Art Weltpolizist/in.

f) Als Soldat/Soldatin ist man eher Kämpfer/in als Helfer/in.

g) Der beste Weg, Frieden zu sichern, ist militärische Stärke.

h) Ökonomische Macht ist in internationalen Angelegenheiten wichtiger als militärische Stärke.

i) Aufträge müssen eigenverantwortlich umgesetzt werden.

j) Soldaten/Soldatinnen übernehmen für alles, was sie tun, die Verantwortung.

k) Einsicht ist besser als Gehorsam.

1: Stimme zu

2: Stimme eher zu

3: Teils/teils

4: Lehne eher ab

5: Lehne ab

Q20. Wie groß ist Ihrer Meinung nach der Handlungsbedarf in den folgenden Bereichen?

a) Familienfreundlichkeit des Dienstes in der Bundeswehr verbessern

b) Planungssicherheit erhöhen (keine falschen Versprechungen oder Befehle, die kurzfristig modifiziert werden)

c) Das Beurteilungswesen gerechter gestalten

d) Bürokratie einschränken

e) Menschenführung verbessern

f) Personalführung verbessern

g) Informationsfluss zwischen den verschiedenen Hierarchieebenen in der Bundeswehr verbessern

h) Soldatisches Ethos stärken

i) Mehr Selbstentfaltung im Beruf ermöglichen

j) Eigeninitiative fördern

k) Kommunikation zwischen Vorgesetzten und Untergebenen verbessern

l) Anerkennung und Respekt für den Dienst in der Bundeswehr durch die Mitbürger fördern

m) Individuelle Verantwortlichkeit für Entscheidungen erhöhen

n) Rechtliche Unsicherheiten bei Auslandseinsätzen beseitigen

o) Soziale Absicherung für mich und meine Familie verbessern, wenn mir etwas passiert

p) Sonstige (bitte nennen): Offene Nennung

1: Sehr groß

2: Eher groß

3: Teils/teils
4: Eher gering
5: Sehr gering

Q21. Welche der in Frage 20 genannten Aufgaben sind Ihnen persön-lich besonders wichtig? Bitte nennen Sie die drei Aufgaben, die aus Ihrer Sicht am wichtigsten sind.
a) erste Nennung
b) zweite Nennung
c) dritte Nennung

6.2 Ergänzende Informationen

Abb. 29: Verteilung der Befragten nach Dienstgradgruppe, Strukturdaten im Vergleich zur Stichprobe

Verteilung der Befragten nach Dienstgradgruppen			
	Strukturdaten Bundeswehr	Anzahl der Befragten - SOLL	Anzahl der Befragten - IST
Mannschaften	43 556	1 941	517
Unteroffiziere o.P.	33 836	1 508	625
Unteroffiziere m.P.	62 637	2 792	3 614
Offiziere	22 314	993	1 691
Stabsoffiziere	11 465	510	1 194
Keine Angabe	-	-	93
	173 808	**7 744**	**7 744**

Abb. 30: Verteilung der Befragten nach Teilnahme an Auslandseinsätzen (Angaben in Prozent)

Verteilung der Befragten nach Teilnahme an Auslandseinsätzen			
	Afghanistan	Anderer Auslandseinsatz	Kein Auslandseinsatz
Mannschaften	13,3	8,8	77,9
Unteroffiziere o.P.	10,9	11,6	77,4
Unteroffiziere m.P.	30,7	22,2	47,1
Offiziere	27,2	24,7	48,1
Stabsoffiziere	41,0	36,4	22,6
	25,0	**20,0**	**55,0**

Abb. 31: Verteilung der Befragten nach Unterstellungsverhältnis (Angaben in Prozent)

Verteilung der Befragten nach Unterstellungsverhältnis			
	Dienstgradgruppe der/des Vorgesetzten		
	Unteroffizier m.P.	Offizier	Stabsoffizier
Mannschaften	33,3	8,8	3,0
Unteroffiziere o.P.	41,4	11,8	4,0
Unteroffiziere m.P.	25,3	70,1	38,3
Offiziere	--	9,2	31,3
Stabsoffiziere	--	--	23,3

Abb. 32:   Einzelmerkmale des Vorgesetztenverhaltens, Mittelwerte

Bewertungskriterium für Verhalten der/des Vorgesetzten	Mittelwert	Relevanz
Für seine/ihre Soldaten geht er/sie immer mit gutem **Vorbild** voran.	2.60	Hoch
Er/Sie ist **fachlich kompetent.**	2.11	Hoch
Er/Sie gibt mir in jeder Lage **Handlungssicher-heit.**	2.68	Hoch
Mein/e unmittelbare/r Vorgesetzte/r führt **part-nerschaftlich.**	2.80	Hoch
Schwierige Situationen durchsteht er/sie **gemein-sam** mit seinen/ihren Untergebenen.	2.59	Hoch
Er/Sie ist in der Lage, sich auch **selbst kritisch** einzuschätzen.	2.82	Hoch
Mein/e unmittelbare/r Vorgesetzte/r nimmt sich Zeit für mich und kennt mich gut.	2.46	Mittel
Er/Sie vertraut den Fähigkeiten seiner/ihrer Un-tergebenen.	2.18	Mittel
Tadel und vor allem Lob sind für ihn/sie elemen-tare Führungselemente.	2.78	Mittel
Er/Sie berücksichtigt die Bedürfnisse, die ich im Zusammenhang mit meinem Familienleben habe.	2.38	Mittel
Mein/e unmittelbare/r Vorgesetzte/r ist in sei-nem/ihrem Handeln unbürokratisch.	2.66	Mittel
Er/sie bezieht seine/ihre Untergebenen regelmä-ßig in die Dienstgestaltung ein.	2.73	Gering
Es fällt meinem/meiner unmittelbaren Vorgesetz-ten leicht, auch den politischen Sinn einer Aufga-be zu vermitteln.	2.70	Gering

Gleichberechtigung der Geschlechter ist ein unverzichtbares Element seiner/ihrer Führung.	**2.20**	**Gering**
Das Fordern und Fördern von interkultureller Kompetenz liegt meinem/meiner unmittelbaren Vorgesetzten persönlich am Herzen.	**2.84**	**Gering**
Mein/e unmittelbare/r Vorgesetzte/r redet offen mit seinen/ihren Untergebenen über Ängste oder besondere Erlebnisse, auch über Tod und Verwundung.	**3.17**	**Gering**
Dargestellte Mittelwerte beziehen sich auf die Skala von 1 „Trifft zu" bis 5 „Trifft nicht zu". Je niedriger der Wert, desto besser werden Vorgesetzte hinsichtlich dieses Kriteriums bewertet.		

Abb. 33:   Einzelmerkmale des Vorgesetztenverhaltens,
Mittelwerte nach Dienstgradgruppe der/des Vorgesetzten

	Dienstgradgruppe der/des Vorgesetzten			
	Gesamt	Unter-offizier m.P.	Offizier	Stabs-offizier
Bewertungskriterium für Verhalten der/des Vorgesetzten				
Für seine/ihre Soldaten geht er/sie immer mit gutem **Vorbild** voran.	**2.60**	2.49	2.72	2.66
Er/Sie ist **fachlich kompetent.**	**2.11**	1.91	2.36	2.18
Er/Sie gibt mir in jeder Lage **Handlungssicherheit.**	**2.68**	2.48	2.85	2.80
Mein/e unmittelbare/r Vorgesetzte/r führt **partnerschaftlich.**	**2.80**	2.65	2.97	2.83
Schwierige Situationen durchsteht er/sie **gemeinsam** mit seinen/ihren Untergebenen.	**2.59**	2.41	2.76	2.65
Er/Sie ist in der Lage, sich auch **selbst kritisch** einzuschätzen.	**2.82**	2.78	2.91	2.80
Dargestellte Mittelwerte beziehen sich auf die Skala von 1 „Trifft zu" bis 5 „Trifft nicht zu". Je niedriger der Wert, desto besser werden Vorgesetzte hinsichtlich dieses Kriteriums bewertet.				

Abb. 34: Persönliche Wichtigkeit der Familienfreundlichkeit, nach Dienstgradgruppe

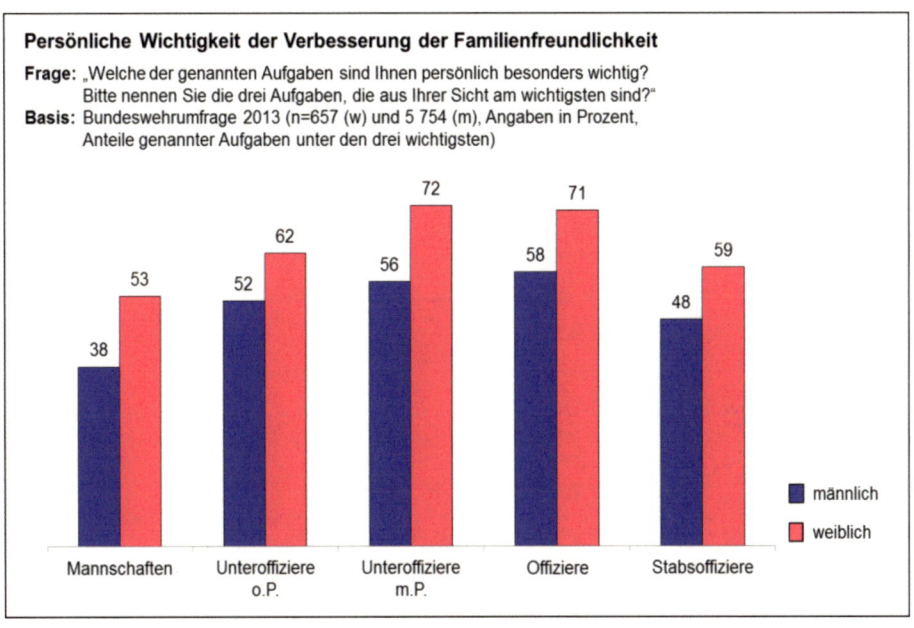

Persönliche Wichtigkeit der Verbesserung der Familienfreundlichkeit

Frage: „Welche der genannten Aufgaben sind Ihnen persönlich besonders wichtig? Bitte nennen Sie die drei Aufgaben, die aus Ihrer Sicht am wichtigsten sind?"

Basis: Bundeswehrumfrage 2013 (n=657 (w) und 5 754 (m), Angaben in Prozent, Anteile genannter Aufgaben unter den drei wichtigsten)

Abb. 35:   Persönliche Wichtigkeit Planungssicherheit, nach Altersgruppe

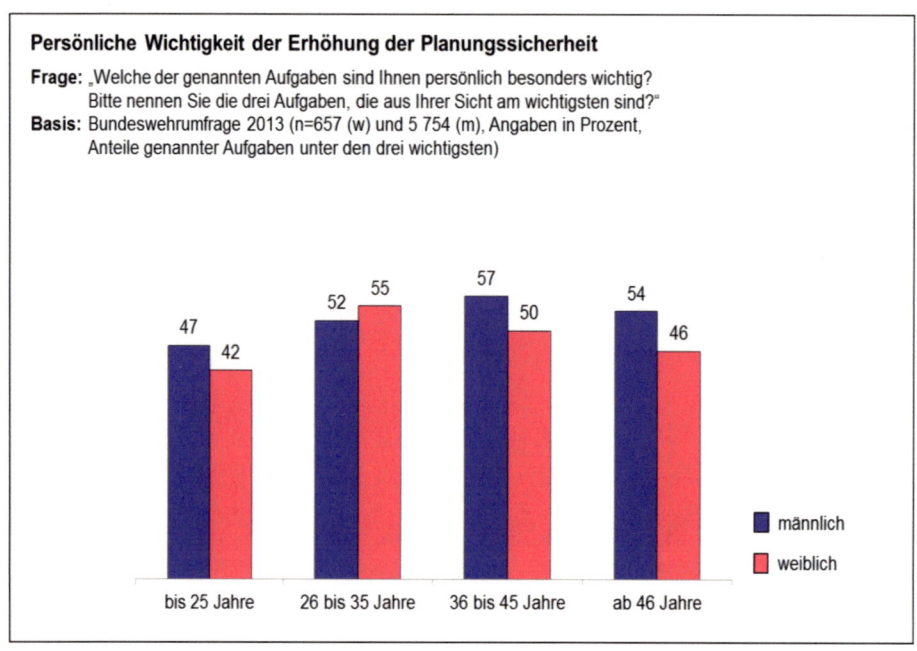

Persönliche Wichtigkeit der Erhöhung der Planungssicherheit

Frage: „Welche der genannten Aufgaben sind Ihnen persönlich besonders wichtig?
Bitte nennen Sie die drei Aufgaben, die aus Ihrer Sicht am wichtigsten sind?"
Basis: Bundeswehrumfrage 2013 (n=657 (w) und 5 754 (m), Angaben in Prozent,
Anteile genannter Aufgaben unter den drei wichtigsten)

Die Autoren

Prof. Dr. Angelika **Dörfler-Dierken** ist Leiterin des Projektbereichs „Innere Führung, Ethik, Militärseelsorge" im Forschungsbereich „Sicherheitspolitik und Streitkräfte" am ZMSBw. Dörfler-Dierken hat mehrere Monografien zur Inneren Führung, zur Entstehungsgeschichte der Konzeption, zu ihren Absichten und Zumutungen für Soldatinnen und Soldaten der Bundeswehr veröffentlicht, zudem eine Vielzahl von Aufsätzen und kleineren Studien zum Thema.

Dipl.-Kfm. Hauptmann Robert **Kramer** ist seit Januar 2013 Wissenschaftlicher Mitarbeiter im Projektbereich „Personalgewinnung und Personalbindung'" im Forschungsbereich „Militärsoziologie" des ZMSBw. Zuvor war er als Wissenschaftlicher Mitarbeiter an der Helmut-Schmidt-Universität Hamburg (Institut für Marketing) sowie am Sozialwissenschaftlichen Institut der Bundeswehr in Strausberg tätig. Sein Arbeitsschwerpunkt liegt auf der Durchführung empirischer Studien, die Fragen der Arbeitgeberattraktivität, der Berufs- und Arbeitgeberwahl sowie der Unternehmenskommunikation untersuchen.

Carola Hartmann Miles-Verlag

Politik, Gesellschaft, Militär

Uwe Hartmann, *Innere Führung. Erfolge und Defizite der Führungsphilosophie für die Bundeswehr,* Berlin 2007.

Hans Joachim Reeb, *Sicherheitskultur als kommunikative und pädagogische Herausforderung – Der Umgang in Politik, Medien und Gesellschaft,* Berlin 2011.

Hans-Christian Beck, Christian Singer (Hrsg.), *Entscheiden – Führen – Verantworten. Soldatsein im 21. Jahrhundert,* Berlin 2011.

Eberhard Birk, Winfried Heinemann, Sven Lange (Hrsg.), *Tradition für die Bundeswehr. Neue Aspekte einer alten Debatte,* Berlin 2012.

Angelika Dörfler-Dierken, *Führung in der Bundeswehr,* Berlin 2013.

Cornelia Fedtke, Kai-Uwe Hellmann, Jan Hörmann, *Migration und Militär. Zur Integration deutscher Soldaten mit Migrationshintergrund in der Bundeswehr,* Berlin 2013.

Wolf Graf von Baudissin, *Grundwert Frieden in Politik – Strategie – Führung von Streitkräften,* hrsg. von Claus von Rosen, Berlin 2014.

Wolf Graf von Baudissin, *Der Widerstand. „… um nie wieder in die auswegslose Lage zu geraten…",* hrsg. von Claus von Rosen, Berlin 2014.

Marcel Bohnert, Lukas J. Reitstetter (Hrsg.), *Armee im Aufbruch. Zur Gedankenwelt junger Offiziere in den Kampftruppen der Bundeswehr,* Berlin 2014.

Reihe: Jahrbuch Innere Führung

Uwe Hartmann, Claus von Rosen, Christian Walther (Hrsg.), *Jahrbuch Innere Führung 2009. Die Rückkehr des Soldatischen,* Eschede 2009.

Helmut R. Hammerich, Uwe Hartmann, Claus von Rosen (Hrsg.), *Jahrbuch Innere Führung 2010. Die Grenzen des Militärischen,* Berlin 2010.

Uwe Hartmann, Claus von Rosen, Christian Walther (Hrsg.), *Jahrbuch Innere Führung 2011. Ethik als geistige Rüstung für Soldaten,* Berlin 2011.

Uwe Hartmann, Claus von Rosen, Christian Walther (Hrsg.), *Jahrbuch Innere Führung 2012. Der Soldatenberuf zwischen gesellschaftlicher Integration und suis generis-Ansprüchen,* Berlin 2012.

Uwe Hartmann, Claus von Rosen (Hrsg.), *Jahrbuch Innere Führung 2013. Wissenschaften und ihre Relevanz für die Bundeswehr als Armee im Einsatz,* Berlin 2013.

Uwe Hartmann, Claus von Rosen (Hrsg.), *Jahrbuch Innere Führung 2014. Drohnen, Roboter und Cyborgs – Der Soldat im Angesicht neuer Militärtechnologien,* Berlin 2014.

Einsatzerfahrungen

Kay Kuhlen, *Um des lieben Friedens willen. Als Peacekeeper im Kosovo,* Eschede 2009.

Sascha Brinkmann, Joachim Hoppe (Hrsg.), *Generation Einsatz, Fallschirmjäger berichten ihre Erfahrungen aus Afghanistan,* Berlin 2010.

Artur Schwitalla, *Afghanistan, jetzt weiß ich erst… Gedanken aus meiner Zeit als Kommandeur des Provincial Reconstruction Team FEYZABAD,* Berlin 2010.

Erinnerungen

Blue Braun, *Erinnerungen an die Marine 1956–1996,* Berlin 2012.

Harald Volkmar Schlieder, *Kommando zurück!,* Berlin 2012.

Reinhart Lunderstädt, *Aus dem Leben eines Hochschullehrers. Persönlicher Bericht,* Berlin 2012.

Wulf Beeck, *Mit Überschall durch den Kalten Krieg. Mein Leben für die Marine,* Berlin 2013.

Jan Becker, *Aufgewühltes Wasser,* 3 Bde., Berlin 2014.

Heinz Dietrich Minkewitz, *An einem Sonnabend im Oktober,* Berlin 2014.

Klaus Grot, *So war's, damals. Dienstchronik eines Pionieroffiziers im Kalten Krieg 1954–1991,* Berlin 2014.

Neue Reihe: Standpunkte und Orientierungen

Daniel Giese, *Militärische Führung im Internetzeitalter – Die Bedeutung von Strategischer Kommunikation und Social Media für Entscheidungsprozesse, Organisationsstrukturen und Führerausbildung in der Bundeswehr,* Berlin 2014.

Monterey Studies

Uwe Hartmann, *Carl von Clausewitz and the Making of Modern Strategy,* Potsdam 2002.

Zeljko Cepanec, *Croatia and NATO. The Stony Road to Membership,* Potsdam 2002.

Ekkehard Stemmer, *Demography and European Armed Forces,* Berlin 2006.

Sven Lange, *Revolt against the West. A Comparison of the Current War on Terror with the Boxer Rebellion in 1900–01,* Berlin 2007.

Klaus M. Brust, *Culture and the Transformation of the Bundeswehr,* Berlin 2007.

Donald Abenheim, *Soldier and Politics Transformed,* Berlin 2007.

Michael Stolzke, *The Conflict Aftermath. A Chance for Democracy: Norm Diffusion in Post-Conflict Peace Building,* Berlin 2007.

Frank Reimers, *Security Culture in Times of War. How did the Balkan War affect the Security Cultures in Germany and the United States?,* Berlin 2007.

Michael G. Lux, *Innere Führung – A Superior Concept of Leadership?,* Berlin 2009.

Marc A. Walther, *HAMAS between Violence and Pragmatism,* Berlin 2010.

Frank Hagemann, *Strategy Making in the European Union,* Berlin 2010.

Ralf Hammerstein, *Deliberalization in Jordan: the Roles of Islamists and U.S.-EU Assistance in stalled Democratization,* Berlin 2011.

Ingo Wittmann, *Auftragstaktik,* Berlin 2012.

Uwe Hartmann, *War without Fighting? The Reintegration of Former Combatants in Afghanistan seen through the Lens of Strategic Thought,* Berlin 2014.

www.miles-verlag.jimdo.com